Educación,
transporte y desplazamiento

Educación, transporte y desplazamiento

Leal, Navarro, Sámano, Rodríguez,
Bugarín, Navarro López

Para realizar pedidos de este libro, contacte con:
Palibrio
1663 Liberty Drive
Suite 200
Bloomington, IN 47403
Gratis desde EE. UU. al 877.407.5847
Gratis desde México al 01.800.288.2243
Gratis desde España al 900.866.949
Desde otro país al +1.812.671.9757
Fax: 01.812.355.1576
ventas@palibrio.com
752387

CONTENIDO

Leal Reyes Rosa Gabriela

Navarro Leal Verónica Yudith

Sámano García María Hilda

Rodríguez Limón Rosa María

Bugarín Olvera René

Navarro López Ramiro

PRESENTACIÓN

En primer lugar he de agradecer a los integrantes del Cuerpo Académico Sociedad y Transporte y otros colaboradores, por su participación en la integración de este bloque de artículos, que son el resultado de una serie de investigaciones realizadas en las últimas fechas.

En el primer artículo, se propone la creación de un Cluster genérico de Entretenimiento que permitiría conectar los sitios de mayor interés de una ciudad, mediante un transporte idóneo, atractivo y sobre todo divertido, con el fin de devolver a la familia algo de la alegría perdida en el transcurso de la narcoguerra que azota al país.

En una segunda parte, y a través de cuatro artículos, se aborda el tema de los desplazamientos y su problemática, recrudecida a raíz de la descomposición social ya referida. Tamaulipas, es un estado que por tener vecindad con el país más poderoso del mundo, se ve impactado por el fenómeno del desplazamiento forzado de migrantes. Se presenta un análisis cuantitativo de los acontecimientos migratorios más relevantes ocurridos en la entidad, tomando como base los datos publicados por el Instituto Nacional de Migración. Posteriormente, por un lado, se plantea la necesidad de que exista una jurisprudencia que sirva para proteger a los niños y niñas migrantes; y por otro, se analiza el desplazamiento forzado de menores migrantes en su paso hacia el norte y una clasificación de grupos de niños migrantes.

En el siguiente artículo, se hace un análisis sobre la situación de la educación superior en la convergencia y articulación de los sistemas de educación superior de América Latina y el Caribe (ALC) con el sistema Europeo (SE). Asimismo, se señalan algunas de las implicaciones que se tendrían en el sistema educativo latinoamericano, y se hace referencia a los proyectos diseñados para crear Espacios Comunes en regiones de América del Norte.

En el último artículo se analiza la oportunidad de crear una Zona Segura de Libre Comercio en los predios colindantes al último puente fronterizo construido entre Tamaulipas y Texas, con el fin de detonar la economía en la región, anteponiendo como requisito fundamental el tema de seguridad y protección ante la oleada de violencia generalizada en la región.

Esperando contribuir con estos primeros ejercicios al conocimiento que se tiene de la región y sus fenómenos, agradezco una vez más las atenciones, tanto de los participantes como de los potenciales lectores.

Dra. Rosa Gabriela Leal Reyes

Líder del Cuerpo Académico Sociedad y Transporte UAMCEH-UAT

CIUDADES DIVERTIDAS

Análisis de un Modelo de Cluster de Entretenimiento Educativo
con Transporte integrador: caso Ciudad Victoria, Tamaulipas

Dra. Rosa Gabriela Leal Reyes
Dra. Verónica Yudith Navarro Leal
Dr. Ramiro Navarro López

"La alegría es la piedra filosofal que todo lo convierte en oro"
Franklin D. Roosevelt

RESUMEN

El objetivo central del presente análisis, es la proyección de un modelo emergente de Cluster para conectar los sitios de recreación educativa de mayor interés que existan en una ciudad, mediante un transporte colectivo único o multimodal que por sí mismo sea capaz de atraer a las familias, con el fin de generar diversión, entretenimiento y aprendizaje en un ambiente que contribuya a una mejor calidad de vida.

Palabras clave: Cluster, parque, transporte, diversión, entretenimiento, colaboración.

ABSTRACT

The main objective of this analysis is the projection of an emergent Cluster model, to connect the most prominent educational amusement sites on the city, by means of a collective transport single or multimodal that by itself can attract multiple families, with the purpose of generating enjoyment, entertainment and learning in an environment that promotes a better quality life.

Kay words: Clusters, parks, transport, fun, enjoyment, collaboration

I. Importancia de la diversión y el entretenimiento

Según el Diccionario de la Lengua Española, diversión significa, "recreo, pasatiempo, solaz/acción de distraer o desviar la atención y fuerza del enemigo". Para la terapeuta Silvia Russek (2015), "La diversión es toda actividad que nos produce placer y distrae de las procupaciones y el tedio. Es el uso del tiempo de manera planeada para el alivio terapéutico de la mente y el cuerpo, que a diferencia del ocio, implica participación activa y refrescante de la persona". En el mismo sentido, la Organización Panamericana de la Salud y la Organización Mundial de la Salud (2016), coinciden en señalar que: "El contacto con la naturaleza a través de los parques mejora la salud física, mental y espiritual de la gente". Por otro lado, de acuerdo con la Enciclopedia Libre (2016) "El entretenimiento, que incluye la diversión, se ha convertido en un sector floreciente de la actividad económica en el mundo, especialmente a través de parques recreativos, cine, música, videojuegos, baile y deporte".

Especialistas en salud y psicólogos, señalan de manera reiterada, que la diversión, junto con el trabajo, el estudio, el ejercicio físico y una sana alimentación, permiten al ser humano disfrutar de una vida mejor y más plena. En el texto: La Recreación como Terapia, del Servicio y Orientación al Latino (2016), se enfatiza que "Las actividades recreativas permiten que la mente descanse y que se sustituyan emociones estresantes como miedo, enojo o tristeza, por sentimientos positivos, como confianza, alegría y felicidad. Disfrutar del paisaje, de un paseo en familia, de una comida en el campo, de la risa de los niños, etcétera, genera emociones gratificantes que pueden perdurar toda la vida. Renovar energías, ver la vida con mayor optimismo y enfrentar con determinación los problemas diarios, son solo algunos de los beneficios de la diversión.

En muchas ocasiones las posibilidades de entretenimiento son cercanas y accesibles: reservas naturales, museos, bibliotecas, centros comerciales, ríos, montañas, playas, festivales al aire libre, etcétera.

Actualmente, existe una profunda preocupación en el país por ofrecer espacios donde las familias puedan interactuar en paz para contrarrestar los efectos nocivos de una sociedad en descomposición.

II. Sociedad en shock

En el país, la situación ha alcanzado niveles críticos de descomposición social. La lucha contra la delincuencia organizada, intensificada durante el período de gobierno 2006-2012, causó duros y difíciles efectos colaterales. No solamente se multiplicaron los cárteles y sus ramificaciones hasta expandirse por todos los rincones del país, sino que miles de familias fueron desmembradas y empobrecidas. Secuestros, homicidios, desapariciones, extorsiones, despojos, reclutamiento forzado o voluntario de niños y jóvenes, fosas clandestinas, ciudades desiertas, etcétera, obligaron al gobierno, después de diez años de una lucha que no termina, a crear por todo el país, programas de ayuda económica, atención psicológica para familiares de víctimas y parques de barrio para coadyuvar en la restauración del tejido social. En el marco de esta sociedad en shock, Tamaulipas ha sido, por su estratégica ubicación geográfica, en el extremo noreste del país, frontera con Estados Unidos y costa con el Golfo de México, el escenario de violentos enfrentamientos. Su capital, Ciudad Victoria, el caso en estudio, no es la excepción. La pérdida de diversión sana y el alza en la criminalidad ha sido la constante en los últimos años. De acuerdo a la publicación hecha por la empresa Propiedades.com, en 2015, la ciudad se encuentra ubicada en el lugar 47 de 50 ciudades divertidas del país, y en contraste, el organismo no gubernamental denominado Consejo Ciudadano para la Seguridad Pública y la Justicia Penal, SA de CV, calificó en 2016 a la misma como la cuarta ciudad más violenta de México y la número 46 a nivel mundial, con una tasa creciente de delitos. Sin embargo, y pese a que el 90 por ciento de la población local percibe un entorno de inseguridad, la estadística sobre el bienestar subjetivo realizada por el INEGI (2015) indica que el promedio que los ciudadanos tienen respecto a la valoración de la vida alcanza el 8.33 y en vida familiar el 9.15 (siendo 10 la frecuencia más alta).

En este contexto, de alta valoración de la vida y excelente unidad familiar, pero de gran inseguridad, se hace el presente análisis para delinear un modelo de cluster que genere entretenimiento, conserve la interacción familiar y suministre una atmósfera que aleje a la niñez y juventud del empleo delincuencial.

III. Ciudad en crecimiento

Ciudad Victoria está ubicada en la parte centro-sur de la entidad, al pie de la Sierra Madre Oriental, a una altura de 321 metros sobre el nivel del mar. En el 2010 tenía una sedentaria y tranquila población de 321,953 habitantes (INEGI 2015), pero después de ese año buena parte de ella fue desplazada debido a los conflictos del narcotráfico y otra porción, de tipo rural, área donde se cultivan principalmente los cítricos, emigró a la ciudad en busca de protección.

Por la parte céntrica de la ciudad cruza el Río San Marcos, que en los últimos años ha lucido generalmente seco, aunque cuando llueve en abundancia, los escurrimientos de la sierra provocan que su caudal sea torrencial. El clima es extremoso, con temperaturas calurosas la mayor parte del año, que van desde los 34° hasta los 45° en los meses de julio y agosto, y con temperaturas que oscilan entre 0° y 5°, durante los meses de diciembre y enero. En materia de industrialización, existen tres fábricas asiáticas instaladas en puntos distantes entre sí. En su panorámica urbana, a la Torre Gubernamental de doce pisos existente desde 1980, se agregó la construcción en el 2010, de la nueva Torre Bicentenario con 25 pisos y del Polyforum. En el sector céntrico comercial de la ciudad existen un mercado popular, dos plazas y la calle comercial Hidalgo, que se extiende a lo largo de doce cuadras. Económicamente sobresalen el comercio, los servicios y las pequeñas empresas. A pesar de que han abierto nuevos negocios en la ciudad, la falta de empleo es un grave problema, por lo que el trabajo informal y el ambulantaje crecen a cada momento.

Por ser la sede de los poderes del estado y por contar con numerosas escuelas y centros culturales, la vocación de la ciudad es eminentemente burocrática, educativa y cultural. En los últimos diez años las instituciones de educación superior han aumentado rápidamente. A los centros educativos tradicionales como la Universidad Autónoma de Tamaulipas, Instituto Tecnológico de Ciudad Victoria, Universidad Pedagógica Nacional, Escuela Normal Superior de Tamaulipas, Benemérita Escuela Normal Federalizada y Escuela Normal Federal de Educadoras, se han sumado el Centro de Estudios Universitarios, Universidad Politécnica, Universidad La Salle, Universidad Valle de México, Universidad Vizcaya de las Américas, Universidad del Norte de México, Universidad Miguel Alemán, Centro Regional de Formación Docente e Investigación Educativa, Instituto de Ciencias y Estudios Superiores de Tamaulipas y el Colegio de Tamaulipas.

Al Centro Cultural Amalia G. de Castillo Ledón, Teatro Universitario, Biblioteca Central e Instituto Tamaulipeco para la Cultura y las Artes que en el mes de octubre celebra el Festival Internacional Tamaulipas, se han añadido el Teatro Foro La Columna, el restaurado Museo Regional de Historia y el Centro de Espectáculos del Recinto Ferial.

Al Museo de Historia Natural Tamux y Planetario se han agregado La Casa de la Tierra y la Pinacoteca. Al Zoológico de Tamatán fue añadido el Nuevo Parque de Tamatán, y se remodelaron el Paseo Méndez y el Parque Ferial, que se activa únicamente en noviembre para la celebración de la Exposición Comercial y Ganadera de Tamaulipas y actualmente se construye el Parque Urbano La Loma.

El Estadio Marte R. Gómez fue restaurado, contándose además con el Estadio Universitario.

A los centros comerciales Grand´D, Supertiendas Modelo y Soriana, se sumaron Liverpool, Sam´s, Walmart, Home Depot, Office Depot, Comercial Mexicana, Suburbia y un nuevo complejo comercial, con más de setenta locales, en construcción.

A los clásicos restaurantes Dadys, Los Candiles, Vic´s, Las Gambas, Martin´s, se agregaron Mc Donald´s, Burguer King, Carls Jr., Dairy Queen, Starbucks Coffe, Papa John´s, Little Caesars, Pizza Hut, Dominos Pizza, Applebee´s, KFC y Vip´s.

A las agencias de autos Ford, Chevrolet, Volkswagen, Nissan, Honda y Dodge, se sumaron Toyota, Renault y Kia.

Al Cinépolis y a Cinemex, se suma un nuevo Cinépolis Plus.

A los hoteles Ramada, Best Western Santorin, Sierra Gorda, Monteros, Las Fuentes, Panorámico, Paradise Inn y Royal se agregaron el Hampton Inn, City Express, Victoria Inn, Istay, Viva Inn y Fiesta Plaza.

La línea comercial Aeromar abrió nuevos horarios en sus vuelos a la Ciudad de México.

En cuanto a diversión nocturna, ésta prácticamente no existe, ya que salones de baile y antros han cerrado.

Las principales distracciones son la televisión y las redes sociales cuyo uso ha aumentado notablemente.

En la misma estrategia de crecimiento, el Plan de Desarrollo Municipal 2013-2016 para Ciudad Victoria, contempla un capítulo sobre Generación de Empleos y Comercialización, que señala que se deberá: "Atraer y proteger las actividades económicas generadoras de inversiones que crean empleos e incrementen las oportunidades de mejores ingresos para los trabajadores", y agrega que se requiere: "Promover iniciativas municipales para el empleo y la inversión", "Impulsar la realización de toda actividad productiva de bienes y servicios en un entorno de formalidad laboral", "Fomentar la participación activa de empresas y empresarios en Victoria, Tamaulipas para el desarrollo de una cultura laboral", y subraya que se deben: "Fortalecer los estímulos y ventajas económicas que atraigan inversiones que ocupen a más trabajadores y contraten los servicios de proveeduría de empresas victorenses".

La revista Así es Victoria (2015), de la Secretaría de Turismo de Gobierno del Estado de Tamaulipas y el Ayuntamiento Municipal, asegura que los lugares de mayor interés general de la ciudad son los siguientes:

1. Casa del Arte. Edificio inaugurado en 1913 para albergar originalmente a la Escuela Normal, actualmente es utilizado para impartir talleres y cursos de artes plásticas y escénicas.
2. Basílica de Nuestra Señora del Refugio. Edificio de sillar y piedra que data de 1920, se erige frente a la Plaza Hidalgo.
3. Plaza Hidalgo. Conocida también como Plaza de Armas, posee amplios andadores, jardines y un kiosco estilo neoclásico.
4. Teatro Juárez. Edificio que data de 1957, ubicado en el lado norte de la Plaza Hidalgo, cuenta en el vestíbulo con un mural del pintor Alfonso Xavier Peña que narra la historia de Tamaulipas.
5. Pinacoteca. Edificio de 1884, restaurado para ser utilizado como espacio de resguardo y exposición de pinturas y otras obras artísticas.
6. Plaza Juárez. Conocida también como Zócalo, data de 1898. Fue remodelada en este año 2016 y sirve de marco al Palacio de Gobierno y al Centro Cultural Tamaulipas.
7. Catedral. Iglesia concluida en 1950 y denominada catedral en 1964.
8. Palacio de Gobierno. Terminado en 1950, con arquitectura de la posguerra, cuenta con una fachada de altas columnas, escalinata de cantera y un amplio patio central.
9. Centro Cultural Tamaulipas. Inmueble moderno construido en 1987, alberga teatro, auditorio, galería, biblioteca, cineteca, restaurante y locales comerciales.
10. Museo Regional de Historia de Tamaulipas. Inaugurado en 2003 en un antiguo convento restaurado, ofrece a través de su acervo, un panorama histórico de la entidad, desde la cultura indígena hasta la actualidad.

11. Palacio Municipal. Construcción neoclásica de 1892. Es un edificio con fachada rematada en balaustrada simulada que aloja desde 1952 a los poderes municipales.
12. La Alameda. Avenida céntrica y arbolada que se extiende entre el Estadio Marte R. Gómez y el Paseo J. Méndez.
13. Casa del Campesino. Edificio terminado en 1930, en el marco de la Reforma Agraria, es un ejemplo de la arquitectura Deco Mexicana.
14. Paseo Pedro J. Méndez. Área remodelada en el presente año, cuenta con amplios jardines, concha acústica, Hemiciclo a los Niños Héroes, áreas de esparcimiento y juegos infantiles.
15. Zoológico de Tamatán. Parque inaugurado en 1945. Remodelado recientemente, muestra la vida animal de las regiones africana, americana, asiática y australiana.
16. Parque Recreativo Tamatán. Obra de 2003, que cuenta con lago artificial y lanchas, amplios jardines, fuente interactiva, tren eléctrico y juegos infantiles.
17. El Santuario. Iglesia de estilo neoclásico, concluida en 1927. Por su ubicación en una parte alta de la ciudad y amplio balcón, es el mejor mirador de la ciudad.
18. Parque Tamaholipa Siglo XXI. Complejo que incluye el Museo de Historia Natural Tamux, el Planetario, Bosque Urbano, teatro al aire libre, espacios deportivos, albercas, ciclopista y juegos infantiles.
19. Casa de la Tierra. Centro de Educación y Vigilancia Climática Global, inaugurado en 2013.
20. Los Troncones. Paraje ubicado al pie de la Sierra Madre, por donde desemboca una corriente de agua que proviene del Cañón de La Peregrina y posee riqueza vegetal, animal y geológica.

En síntesis, la base económica de Ciudad Victoria es básicamente burocrática y estudiantil, no es un núcleo industrializado, el sector agropecuario es un área de oportunidad y desarrollo, el consumo en el comercio local es estable, la apertura de nuevas franquicias es indicativo del poder de consumo que tiene la ciudad, sus centros de recreación y cultura son múltiples y en el Plan Municipal de Desarrollo se contempla apoyar programas de inversión.

IV. Los clusters

La propuesta de cluster como aglomeración de negocios en una misma zona geográfica la encontramos en la literatura industrial de Marshal (1890) quien cita los beneficios que las empresas demuestran obtener con este sistema de colaboración. Más recientemente, los clusters se han popularizado gracias a la Teoría de la Competitividad de Porter (1990). En Asia los clusters han sido una estrategia relevante para desarrollar su economía (Pernille, 2008). En América Latina incluso se han diseñado proyectos para negocios como el de Medellín: Ciudad Cluster (Cámara de Comercio de Medellín 2015). En el Valle de Aburra se diseñó un cluster regional unificado mediante un tren ecológico (Smith, 2015). En México se han proyectado grandes inversiones para proyectos de cluster de diferentes ramas como de calzado en Guanajuato, automotriz en Querétaro, electrónica en Jalisco, pero también podemos observar en una realidad y contexto más modestos, claros referentes de simples aglomeraciones, como los que se producen en céntricas calles de las ciudades, donde los negocios se han concentrado de manera natural, paulatina y sin conexión, con el único fin de facilitar a la clientela el acceso. Se aglomeran comercios afines como zapaterías, papelerías, talabarterías, etcétera. En el caso de los servicios: doctores, consultores, abogados u otras ramas especializadas. En otras ocasiones, las aglomeraciones complementarias surgen para interactuar temporal o permanentemente con el fin de ofrecer un producto o servicio adicional al de mayor relevancia.

Un cluster es definido como una concentración geográfica y sectorial de empresas (Kieu-Hsien, 2015) con una gran diversidad de variantes: actividades relacionadas, servicios anexos, proveedores, mano de obra especializada.

El que ahora proponemos, es un sistema de colaboración entre unidades participantes de una misma zona geográfica, para ofrecer un mejor servicio de educación y entretenimiento y adquirir mayor competitividad en la captación de usuarios e ingresos.

Las unidades de colaboración del modelo de Cluster de Educación y Entretenimiento pueden ser: centros educativos, recreativos, artísticos, culturales, históricos, científicos, bibliográficos, videográficos, astronómicos, climáticos, cívicos, acuáticos, subterráneos, biológicos, ecológicos, folklóricos, santuarios, cinetecas, muestras, exposiciones, artesanías, etcétera.

Especial importancia tienen tanto la capacidad de colaboración entre las unidades participantes como el transporte integrador. En cuanto a lo primero, "la capacidad de colaboración, sigue siendo el mayor obstáculo al que pueden enfrentarse las unidades de un probable cluster", según Mendoza Moheno (2009), por lo que es un tema que con debida anticipación debe atenderse cuidadosamente. En cuanto al transporte de interconexión de las unidades participantes, puede señalarse que en muchos casos, éste no es necesario, debido a que los integrantes se encuentran muy próximos o se encuentran ubicados incluso pared con pared, pero en otros casos, cuando los participantes están separados por varios kilómetros uno del otro, aunque dentro de la misma ciudad o región, se requiere seleccionar de una lista de posibilidades, el transporte idóneo que los conecte: marítimo, fluvial, terrestre o aéreo, lo que genera la pregunta: ¿Cuál o cuáles transportes son más eficaces para la conectividad en la circunstancia geográfica, técnica, económica y poblacional del cluster?

Otras variables importantes que intervienen en la conformación de un cluster, son: accidentes geográficos, demografía, oferta, demanda, financiamiento, rentabilidad, marco legal y amenazas externas.

V. Objetivos

En términos de resultados generales se espera contribuir con un diagnóstico que estime rigurosamente la conveniencia de desarrollar un Clúster de Recreación Educativa que sirva de esparcimiento a la población, que estimule la educación y la cultura, que permita el desarrollo empresarial público y privado, y la generación de empleo, al mismo tiempo que, como ya se ha señalado, permita mejorar la calidad de vida, aún dentro de una crítica situación social.

Objetivos específicos:

- Contribuir al conocimiento científico de los Clusters de Educación y Entretenimiento.
- Aportar un Modelo para la formación de un Cluster de Educación y Entretenimiento potenciado mediante un Transporte Integrador.
- Impulsar la enseñanza de la ciencia, el arte, la historia, el civismo, la cultura, y otros valores de aprendizaje a través de una mayor afluencia a los parques.
- Detonar el turismo, la economía, el comercio, el empleo, la inversión financiera y la obra pública.
- Ofrecer entretenimiento y diversión familiar.
- Resarcir el tejido social.
- Fortalecer la integración familiar.
- Fomentar la cultura de la cooperación y confianza entre las unidades participantes.

- Coadyuvar con la gestión gubernamental para implementar proyectos sociales que mejoren la calidad de vida.
- Aplicar el conocimiento técnico y organizacional del transporte urbano y regional en este proyecto.
- Integrar una red académica de especialistas en Clusters de Educación y Entretenimiento con Transporte Integrador.

En todo caso, se aspira a que el conocimiento que del presente estudio emane, sirva como referente para instalar el modelo en Ciudad Victoria y pueda reproducirse en otras ciudades.

VI. Metodología

El marco metodológico se apoya en un paradigma cualitativo e investigación descriptiva y explicativa con estudio de caso y observaciones in situ, a fin de contrastar otras experiencias y lecciones aprendidas y evaluar el impacto de un desarrollo endógeno con la cultura de cooperación entre empresas, gobierno, universidad e instituciones comprendidas en la vinculación (De Arteche, 2015). El andamiaje teórico incluye la Teoría de la Localización y de Geografía Económica, la Teoría de los Encadenamientos, la Teoría de las Ventajas Competitivas y la Teoría de la Eficiencia Colectiva.

VII. Análisis

Considerando:

- Que la industria del entretenimiento se encuentra en un acelerado y constante crecimiento en el mundo, debido a la necesidad de las personas de dar salida a las tensiones que imprime la sociedad actual.
- Que el entretenimiento y la diversión son un medio capaz de contribuir con el mejoramiento de la salud emocional y por ende física de las personas, además de servir como factor de unidad familiar.
- Que se ha demostrado internacionalmente que el desarrollo competitivo de un país está basado en el desarrollo de sus regiones impulsando sistemas innovadores, y creando clusters que potencien la vocación local, (Molina G. 2013).

- Que se cuenta con el respaldo teórico metodológico de la Teoría de la Localización y de Geografía Económica, que señala el hecho de que "las actividades suelen concentrarse en ciertas áreas estratégicas". De la Teoría de los Encadenamientos de Hirschman que se refiere a "que los encadenamientos adquieren significación cuando una inversión atrae o hace rentable otra en la misma región" y que "los encadenamientos dependen tanto de factores de demanda como de su relación con factores tecnológicos" y de la Teoría de Porter, que señala que "la diversidad e intensidad de las relaciones funcionales entre empresas explican la formación de un complejo productivo y su grado de madurez".
- Que a medida que la ciudad crece, la demanda de servicios aumenta y entre ellos, la de diversión y entretenimiento.
- Que sin menoscabo de la construcción de nuevos parques en la ciudad, se pueda hacer de la ciudad, un gran parque, una ciudad divertida.
- Que el elemento nuevo que permitirá hacer de la ciudad un gran parque, es un transporte integrador que interconecte los sitios de interés, en una ruta idónea para tal fin.
- Que la opción multimodal, que articula varios transportes, preferentemente del tipo de trenes aéreos y teleféricos, es una opción atractiva para este modelo de cluster.
- Que un cluster es propicio en determinadas zonas geográficas que cuentan con aglomerados de empresas especializadas de una misma rama o ramas complementarias de producción y/o servicios.
- Que el análisis de posibilidades de transporte integrador, permite definir las opciones idóneas.
- Que Ciudad Victoria, Tamaulipas, cuenta con sitios de interés para formar un cluster de educación y entretenimiento.
- Que algunos de esos sitios, que son entidades públicas, administraciones independientes y con funciones complementarias, presentan una condición inmejorable para articularse y colaborar bajo una sola denominación sin perder la autonomía.

Se estima, que el proyecto es propicio para lograr los objetivos trazados.

De los veinte lugares enumerados como sitios de interés general y clasificados en un paraje natural, dos museos, una avenida, dos edificios gubernamentales, dos plazas, dos inmuebles para artes, tres iglesias, un centro de estudios climáticos y cuatro parques recreativos, las unidades que presentan mejores oportunidades de articularse, por su ubicación geográfica, por su interconexión dinámica con el visitante y por su complementariedad en recreación, son los siguientes, en orden de noreste a suroeste:

1. El Centro de Educación y Vigilancia Climática Global "Casa de la Tierra".
2. Parque Tamaholipa Siglo XXI.
3. Paseo Pedro J. Méndez.
4. Zoológico de Tamatán, y
5. Parque Recreativo Tamatán.

Los cinco sitios son de carácter educativo y recreativo, pero actúan desde perspectivas distintas y complementarias, lo que enriquece al conjunto. Se encuentran en una misma línea, al borde del río, lo que simplifica una ruta de transporte. En el primer sitio existe un gran estacionamiento adjunto para autos, facilitando que desde ese punto inicie el paseo, para retornar posteriormente. Y al unir estos sitios, mediante un transporte, estimular mayor cantidad de visitantes, ya que actualmente el zoológico es el único lugar de los cinco, que tiene una nutrida afluencia.

En cuanto al transporte, las opciones que cabría analizar para unificar estos cinco sitios son las siguientes:

a. Autobús turístico doble piso
b. Tranvía
c. Trolebús
d. Tren de vías
e. Tren de neumáticos
f. Tren Monorriel Elevado
g. Teleférico.
h. Embarcación fluvial

(Ver anexo)

Las condiciones fluviales naturales no permiten, para la interconexión, un transporte por el río ya que éste se mantiene seco la mayor parte del año y en época de lluvias el caudal es torrencial, sin embargo, una infraestructura hidráulica para retener y reciclar el agua, por un flujo apropiado lo haría viable.

Un transporte aéreo, como teleférico, podría utilizarse utilizarse únicamente en algún tramo corto y estratégico, por ejemplo, para pasar por encima del río y llegar al Parque Siglo XXI, por lo que su incorporación daría lugar a un transporte multimodal.

Transportes como el tranvía y el trolebús, facilitarían el recorrido por su fácil maniobrabilidad en el sector urbano, han tenido éxito en ciudades como Querétaro, Veracruz, Tampico, Nueva Orleáns y otras localidades. Lo mismo un autobús turístico, que es de uso común en muchas ciudades.

El tren de vías o neumáticos, son de gran atractivo, y tienen múltiples ejemplos de éxito:

- El Tren de la Selva del Parque Nacional Iguazú, Argentina (fabricado por Alan Keef Limited), que recorre una longitud de 3,700 metros con capacidad para 250 pasajeros, a través de las Estaciones Central, Cataratas y Garganta del Diablo.
- El Tren Expresso del Parque Bicentenario de Querétaro (fabricado por Severn Lambuk), que es una réplica de un tren de 1830, que recorre 1,200 metros con capacidad para 60 pasajeros por ciclo.
- Los trenes del Parque Metropolitano de León Guanajuato: Un tren de neumáticos con capacidad para 20 pasajeros, que recorre una longitud de 7 kilómetros por el contorno del vaso de la Presa, y el Tren del Bosque, un tren de vías que recorre la zona del bosque.
- El Expreso del Tequila en Jalisco, que con gran capacidad de pasajeros recorre las haciendas tequileras de la entidad, en un efecto integrador.
- El ChePe, cuyas vías atraviesan túneles y precipicios de la Barranca del Cobre, para mover pasaje entre Chihuahua y el Pacífico.
- El tren monrriel elevado es muy utilizado en parques de Estados Unidos, Europa y Asia, es garantía de atracción de fácil introducción en el área urbana.

VIII. Conclusiones

Estimamos, en forma preliminar, que el Modelo de Clúster de Educación y Entretenimiento para Ciudad Victoria, Tamaulipas es deseable por sus funciones de diversión y cohesión social y viable por sus características técnicas. La propuesta es interconectar, en una o varias etapas, La Casa de la Tierra, Parque Tamaholipa Siglo XXI, Paseo Pedro J. Méndez, Zoológico de Tamatán y Parque Recreativo Tamatán, para dar lugar a un paseo con una nueva denominación en conjunto, donde las partes colaboren para enriquecer sus programas y mejorar sus instalaciones, bajo un plan general e integrador. En transporte, las opciones que ofrecen los autobuses turísticos, tranvías, trolebuses y trenes son funcionales, pero su mayor limitación es la carencia de novedad. Por lo tanto, el transporte que se propone en este análisis, sin descartar otras posiblidades, es el tren eléctrico para parques sobre monorriel elevado con elementos adicionales como puentes, túneles, estaciones con espacios culturales y comerciales, etcétera. Comparativamente, este tipo de tren, ofertado por empresas como Bombardier y Severn Lamb Transport, es de fácil trazado, rápida instalación, bajo consumo de electricidad y de costos aceptables y rentables. No descarrila, no contamina, no existe peligro de colisión con los autos, es seguro, silencioso, los pasajeros gozan de excelente panorámica, se desplaza a baja velocidad y es de gran atracción por su imagen futurista.

En general, un cluster, que sin duda, podrá garantizar relajamiento social, diversión familiar, educación, ciencia, cultura, desarrollo económico y empleo.

BIBLIOGRAFÍA

Acosta, G. José Alberto (2015). La formación de Clusters turísticos: Caso Ciudad de Santiago. Revista Caribeña de Ciencias Sociales.

Bertini, S. (2000). El fomento al desarrollo espontáneo y al clustering entre las Pymes: un intento de definición de un marco conceptual para las políticas a partir de algunas experiencias empíricas. Universidad Nacional General Sarmiento. Madrid.

Cámara de Comercio de Medellín, (2013). Diseño e implementación de un Modelo de Cluster, para la atención de pacientes internacionales en la Ciudad de Medellín: Expectativas y prospectivas, Colombia.

Cámara de Comercio de Medellín. (2015) Medellín: Ciudad Cluster.

Castillo Aguilera R. (2009) Cluster. Oportunidad para el turismo. México.

Consejo Ciudadano para la Seguridad Pública y la Justicia Penal, 2016, México

De Arteche Corvino, Mónica, et. al, (2015) Desarrollo de un cluster institucional de turismo: Pinamar, Argentina y Asia-Lima, XX Congreso Internacional de Contaduría, Administración e Informática, México.

De Arteche M., Santucci M., Welsh S. (2013). El rol de la Universidad en los clusters: indicadores de capital relacional e innovación. Casos de Argentina,Brasil y España, Colombia.

Díaz del Río, María Asunción. (2015) Valores y estilos de vida de los consumidores de cine como producto de ocio en un centro comercial. Imprtancia estratégica para el desarrollo de acciones de marketing online versus offline. España, 2015.

Diccionario de la Real Lengua Española.

Enciplodia Libre Universal en Español, 2016

Ferrocarriles del Paraguay, S.A. (2014) Proyecto: Tren de cercanía para pasajeros entre Asunción e Ypacaraí, Estudio de Prefactibilidad. Paraguay.

Fonseca, Reis Ana Carla. (2008) Economía creativa como estrategia de desarrollo: una visión de los países en desarrollo. Sao Paulo, Brasil.

Grajirena, J., Gamboa I. y Molina A (2004). Los clusters como fuente de Competitividad: el caso de la comunidad Autónoma del País Vasco. Cuadernos de Gestión. España.

Gálvez, Rivas Blanca Ruth, et.al. (2012). Conformación de Clusters de turismo, prueba piloto en el municipio de Nahuizalco, Sonsonate. El Salvador. Revista Entorno. Universidad Tecnológica de El Salvador.

Guerra Casanova, Leonel (2009). Anatomía de los clusters económicos de mayor impacto en el desarrollo de México, Tecnológico de Monterrey, México.

Heredia González, Armando, et.al. (2003). Desarrollo local, competitividad y clusters, Instituto Tecnológico de Tehuacán, Puebla. México.

H. Ayuntamiento de Victoria. Revista Así es Victoria, 2015

Hirschman, Alberto. (1961) La estrategia del desarrollo económico, Fondo de Cultura Económico, México

INEGI 2015

Mendoza Moheno, Jessica y Hernández Calzada Martín Aubert.(2009) Perspectivas de la formación de un cluster en los corredores de balnearios del Valle del Mezquital, Universidad Autónoma del Estado de Hidalgo. México.

Molina Gutiérrez, Arturo. (2013) Modelo del ITESM para incrementar competitividad en las localidades, Tecnológico de Monterrey, México.

Navarro López Ramiro y Leal Reyes Rosa Gabriela. (2015) Los Ferrocarriles en México, Ed. Palibrio, EEUU.

Plan Estatal de Desarrollo de Tamaulipas 2011-2016.

Plan Municipal de Desarrollo 2013-2016 de Victoria, Tamaulipas

Porter, Michel E., (1998). Clusters and the New Economics of Competition, Integration Pressures: Lessons from Around the World, in Nordim, S. Tourism Cluster and Innovation, EEUU.

Propiedades. Com, (2015), México

Russek, Silvia. (2015) ¿Sabes divertirte?,

Saporiti de Baldrich, Patricia Alejandra. (2006) Turismo y Desarrollo Económico. Universidad Católica de Argentina.

Silva Lara, Iván. (2003), Metodología para la elaboración de estrategias de desarrollo local. Instituto, Instituto Latinoamericano y del Caribe de Planificación Económica y Social (ILPES), Santiago de Chile.

Smith, Quintero Ricardo. (2008-2015) Plan de desarrollo turístico Valle de Aburra. Colombia.

Martínez López, J. Samuel. Sociedad del Entretenimiento. Revista Luciérnaga, Medellín, colombia

Tañski, N., Báez, C., Clerici, C., Aquino, C.(2015) La organización en las asociaciones previas a clusters. Universidad Nacional de Misiones, Argentina.

Vázquez Barquero, A. (2000): Desarrollo Económico Local y Descentralización: Aproximación a un marco conceptual. Proyecto CEPAL/GTZ de Desarrollo Económico Local y Descentralización, Santiago de Chile.,

Villarreal René. (2002). La empresa competitiva sustentable en la era del capital intelectual. Ed. McGraw Hill México.

Páginas de Internet

A) Fábricas de carrocerías turísticas:

Alan Keef Ltd. Light Railways engineers & Locomotive Builders. Herefordshire Inglaterra. Locomotoras y trenes de vía estrecha para parques y ciudades.

Bombardier Transportation México, S.A. de C.V. Ciudad Sahagún, Hidalgo, México. Construcción de trenes ligeros.

CIMEX, carrocerías e ingeniería mexicana. Tranvías y trenes. Querétaro, México.

Distribuidor de Severn Lamb para América Latina: A todo Tren, Zaragoza, España.

Miniexpresso, Tehuacán, Puebla.

Minitrenet. Mallorca.

Severn Lamb. The Transport Engineering Specialists. Alcester, Reino Unido.

Trenes turísticos eléctricos, China.

B) Difusión turística:

Casa de la Tierra. Ciudad Victoria, Tamaulipas.

Secretaría de Turismo. Gobierno del Estado de Tamaulipas.

Parque Bicentenario, Querétaro, México. Tren Expresso para recorrido interior.

Parque Metropolitano, León Guanajuato. Tren de vías, Tren de neumáticos.

Parque Nacional Iguazu, Argentina, tren ecológico de la selva para el desplazamiento del turismo.

Tamux. Ciudad Victoria, Tamaulipas.

Parque Ecológico, Cancún, México.

Xochitla, Parque Ecológico. Tepotzotlán, México.

Zoológico de Tamatán. Ciudad Victoria, Tamaulipas.

MIGRACIÓN DE MENORES EN TAMAULIPAS

Dra. Rosa Gabriela Leal Reyes
Dra. Verónica Yudith Navarro Leal
Mtra. Rosa María Rodríguez Limón

Introducción

En el presente artículo, se aborda el tema de la migración de menores vinculado al Estado de Tamaulipas, específicamente de los migrantes recibidos de vuelta de los Estados Unidos, durante el año 2014, analizando de manera cuantitativa las siguientes variables: Organismo de recepción, Género, Nacionalidad de origen, Acompañamiento y Edad.

(La totalidad de las gráficas son propias,
elaboradas específicamente para el caso).

Desarrollo

1. En Tamaulipas, durante el año 2014, se recibieron 51,112 migrantes, de los cuales el Instituto Nacional de Migración (INM), atendió al 83.56%, mientras que el 16.48 restante, fue recibido en Albergues.

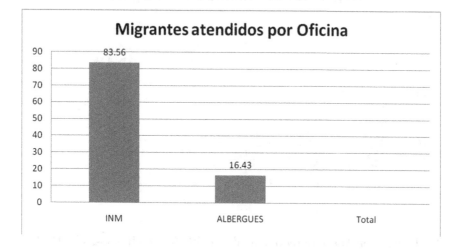

2. De la totalidad de la población migrante que fue recibida por el INM (42,712), el 62.89%, fue recibido en Laredo; el 15.24% se recibió en Reynosa; el 15.91% en Matamoros y el 5.98 % en Tampico.

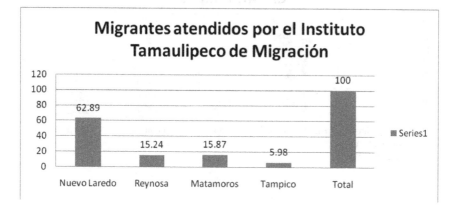

3. A los albergues llegaron 8,400 migrantes, de los cuales el 39.54% fue recibido en Laredo; el 38.57% en Reynosa; el 17.53% en Matamoros y el 4.34% en Tampico.

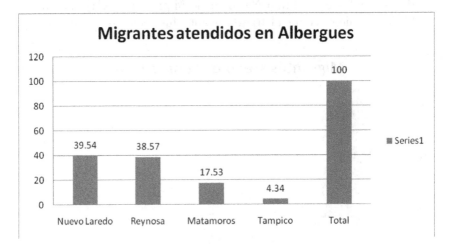

4. En total, en Nuevo Laredo se recibió al 59.05%; en Reynosa el 19.07%; en Matamoros el 16.14% y en Tampico el 5.71%.

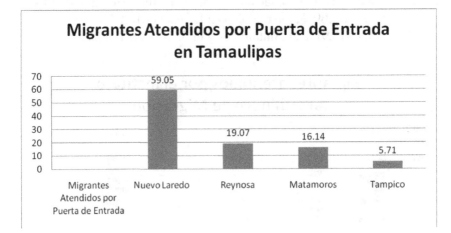

5. De los migrantes repatriados, en Tamaulipas se recibió un total de 44,113 migrantes pertenecientes al género masculino y 5,545, del género femenino. También se atendieron 1,454 menores de edad. En porcentajes, la población migrante se repartió de la siguiente manera: 86.30% son hombres, el 10.84% mujer y un 2.84% fueron menores de edad.

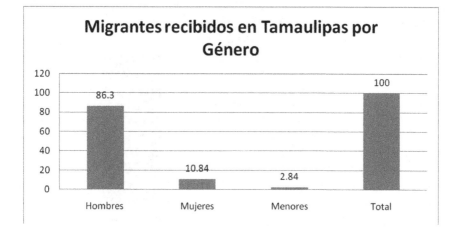

6. Llama la atención que en todos los rangos de edad, es ligeramente mayor la cantidad de hombres, a partir de los 60 años, es mayor la cantidad de mujeres que se deciden a salir de sus lugares de origen. Nótese que hay un porcentaje importante de menores que se convierten en migrantes a muy temprana edad

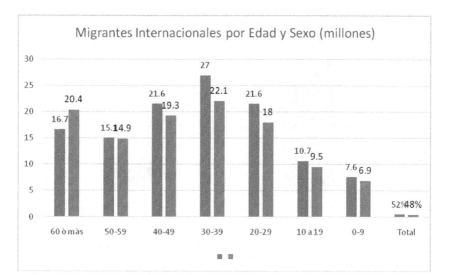

7. Dentro de la migración de México hacia EEUU, nos encontramos con los hijos, hermanos, que son menores de edad y que se lanzan a buscar a sus familiares. En el año 2014, del 100 por ciento de los menores migrantes, la mayoría, casi un 90% fueron migrando sin acompañamiento, solamente el 16.1 fue acompañado.

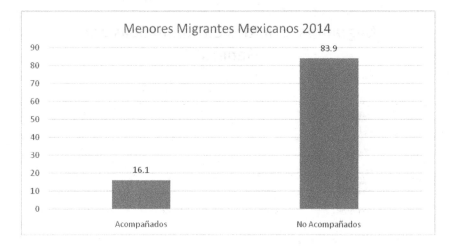

8. De los menores migrantes mexicanos que fueron hacia EEUU, el 83.9 % fueron del género masculino, mientras que el 16.1 fueron mujeres. Se presupone que las menores migrantes fueron acompañadas.

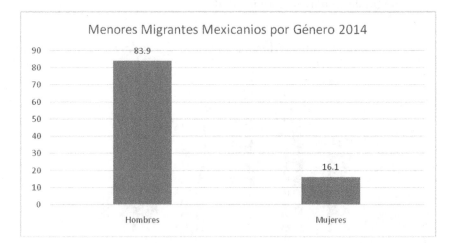

9. En el año 2014, del grupo de edad de 0 a 11 años, de los menores migrantes Acompañados, se repatrió al 65.6%, mientras el 34.4 % eran menores No Acompañados.

Los mexicanos, menores migrantes No Acompañados, con edad que va de los 12 a los 17 años, se repatrió al 97.9 %

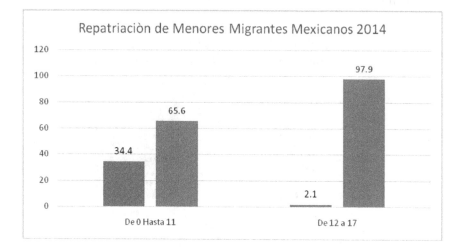

10. De los menores migrantes que fueron asistidos por las autoridades mexicanas, en su regreso a México, la mayoría eran Acompañados.

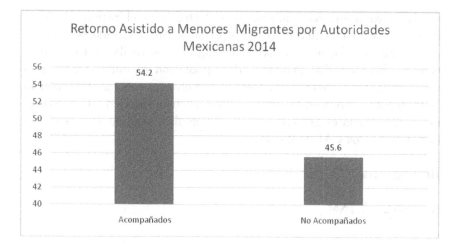

11. En el 2014, dentro del proceso de repatriación de menores mexicanos a nuestro país, se encontró un grupo de menores migrantes de origen centroamericano que fue asistido por las autoridades mexicanas. En la siguiente gráfica se muestran los porcentajes de los menores migrantes centroamericanos por edad y género, llama la atención que el grupo femenino de 0 a 11 años, es mayo el de las mujeres que el de los hombres.

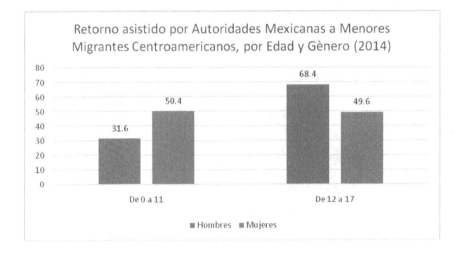

Retorno asistido por Autoridades Mexicanas a Menores Migrantes Centroamericanos, por Edad y Gènero (2014)

Conclusiones:

La mayor recepción de migrantes es efectuada por el Instituto Nacional de Migración, por sobre los albergues privados. Nuevo Laredo es la puerta de entrada por donde más población migrante se recibe. En cuanto al Género y Nacionalidad, la mayoría de la población migrante es masculina y mexicana. La Vertiente Migratoria que se observa con mayor frecuencia es la Repatriación, y en lo relativo a la Asistencia Brindada, la que tiene mayor frecuencia es la Comunicación Telefónica, seguida de Gestión de Cobro de Envíos y Alimentación.

Bibliografía

Anuario 2015, INM

MIGRACIÓN INFANTIL EN LA AGENDA POLÍTICA INTERNACIONAL Y NACIONAL: APUNTES SOBRE EL PRINCIPIO DE INTERÉS SUPERIOR

Mtra. María Hilda Sámano García

Introducción

La migración infantil es un tema que ha preocupado a diversas naciones, tan importante es que, desde la década de los veinte del siglo pasado, se tiene registro de los primeros esfuerzos por conformar una agenda política de carácter internacional. Dentro de los esfuerzos más trascendentales se tiene aquel derivado de la Organización de las Naciones Unidas y que ha permitido acciones concretas y vinculantes en defensa y protección de los niños, niñas y adolescentes: el Fondo para la infancia de las Naciones Unidas (UNICEF).

En ese sentido México se une a esta labor engranando su agenda a finales de los ochenta, toda vez que su presencia en la Convención de los Derechos de los Niños siendo adoptada por México en la ciudad de Nueva York EUA, el 20 de noviembre de 1989, el cual provocó el enrolamiento de instancias y programas gubernamentales en el proceso migratorio como lo son la Secretaria de Relaciones Exteriores, el Instituto Nacional de Migración o los Sistemas DIF entre otros.

Por lo tanto el objetivo de este ensayo es conocer los hechos históricos que dieron paso a la conformación de una jurisprudencia nacional en pro a los derechos de la infancia. Se pone atención en el establecimiento y/o aparición de instancias internacionales con injerencia legislativa; así como también tratar de responder a la pregunta de cómo el Estado mexicano ha determinado su postura frente la niñez vulnerable, en particular con la niñez migrante.

La estructura de este trabajo se divide en dos partes. La primera se refiere al principio de interés superior de los y las niñas migrantes en el cual se identifican los principios o ejes que cimentan las bases para reconocer y hacer valer las garantías de la niñez conforme al derecho internacional. Otro tema tratado en esta sección es la evolución de las convenciones internacionales sobre los derechos del niño y los protocolos facultativos derivados; el compromiso que habrán de seguir los Estados en propuesta de la UNICEF; y la relación que imprime la Corte Interamericana de Derechos Humanos actuando en las sentencias por violaciones a los derechos humanos.

La segunda parte se refiere al compromiso que adquiere México ante la Convención Internacional sobre los Derechos de los Niños y, en consecuencia, el contexto político y ciudadano que perfiló la expedición de la Ley de Migración expedida en 2011, así como la relación que existe entre Instituto Nacional de Migración, el Desarrollo Integral de la Familia (DIF), la Secretaría de Relaciones Exteriores (SRE) y la Comisión Nacional de los Derechos Humanos (CNDH) cuando un menor migrante es detenido por las autoridades de Estados Unidos. Otro aspecto importante de esta sección es la indagación del modelo para la protección de derechos de los niños, niñas y adolescentes migrantes y repatriados no acompañados en México.

La Declaración de los Derechos del Niño: inicios de la agenda internacional

El recuento de la conformación y transformación de la agenda internacional relacionada con los derechos de los niños, niñas, adolescentes deja ver tres fases en torno al contenido de los esfuerzos.

La primera fase va desde finales del siglo XVI hasta principios del siglo XX es denominada "inexistente". En esta fase las niñas y los niños se consideraban como inexistentes, ya que cultural y políticamente se observaban invisibles pues su participación se decía no existía o simplemente no eran considerados (González, 2005, pág. 2).

La segunda fase se le ha denominado "etapa de la incapacidad", va desde principios del siglo veinte hasta los años cuarenta, en ella se empieza analizando y debatiendo la postura de los derechos del niño a nivel mundial con el XI Congreso Panamericano del Niño, celebrado el 30 de octubre de 1915 en Buenos Aires Argentina, para después proseguir en Ginebra, Suiza. En ese Congreso se debatió el tema de la criminalización de la pobreza distinguiéndose dos posturas pues las primeras legislaciones se encaminaban a castigar y controlar a la niñez; una de las posturas vulnerables eran aquellos niños excluidos de las escuelas y la familia; la otra postura eran todos aquellos niños que se encontraban en situaciones de riesgo o abandono los cuales representaba un peligro social (Convención Internacional sobre los Derechos del Niño, 2011, p. 9-10).

La tercera engloba los años cuarenta hasta aproximadamente los años setenta y ochenta; es nombrada la de "capacidad", en ella determina la legislación constante en 1989 con la promulgación de la Convención Internacional sobre los Derechos del Niño, en la cual se reconoce como seres humanos y sujeto de derecho (Convención Internacional sobre los Derechos del Niño, 2011, p. 9-10).

A continuación se mencionan los organismos internacionales que han estado presentes unificando esfuerzos por la defensa de la niñez en un escenario internacional jurídicamente vinculante.

Segunda Fase de los derechos de los niños

Los primeros momentos aprobatorios de este esfuerzo se presencian desde la década de los años veinte del siglo pasado, cuando la Liga de Pacto de las Naciones (creada desde 1919) aprueba en 1924, con sede en Ginebra Suiza, la Declaración de los Derechos del Niño. Esa fue la primera vez que se reconocieron los derechos del niño quedando establecidas una serie de consideraciones facultativas para ayudar a la infancia desvalida, solidificando las bases de amparo y protección de esta para un fortalecimiento cada vez más integral en las naciones del orbe. Cabe destacar que esta declaración fue adoptada por la Asamblea General de la Asociación Médica Mundial para que todo miembro haga valer las promesas del juramento médico ante la niñez necesitada.

Con el paso del tiempo, específicamente en 1945 -en plena época de guerra mundial- y con el propósito fundamental de contribuir a estabilizar las relaciones internacionales, se hizo necesario fortalecer el perfil político de la Liga de las Naciones para crear un organismo con mayor injerencia en los Estados del orbe: la Organización de las Naciones Unidas. Con ello se buscó dar consistencia a la paz, pero también dar consistencia a la labor y compromiso social de las naciones.

En efecto, la Segunda Guerra Mundial dejó entre sus víctimas a miles de niños en una situación desesperada. Como consecuencia, en 1947 se creó el Fondo de las Naciones Unidas para la infancia (conocido como UNICEF). Durante sus inicios, la UNICEF se centró particularmente en ayudar a las jóvenes víctimas de la guerra, principalmente a los niños europeos. Sin embargo, en 1953 su mandato alcanzó una dimensión internacional y comenzó a auxiliar a niños en países en vías de desarrollo. La Organización luego estableció una serie de programas para que los niños tuvieran acceso a una educación, buena salud, agua potable y alimentos.

En 1948, la Asamblea General de las Naciones Unidas aprobó la Declaración Universal de los Derechos Humanos, con la cual se impulsó el derecho de las y los infantes quedando plasmado en el artículo 25 al requerir que: "la maternidad y la infancia tienen derecho a cuidados y asistencia especiales".

Una década después, el 20 de noviembre de 1959, la ONU aprobó la Declaración de los Derechos del Niño. En el preámbulo, se consideró lo siguiente: "el niño, por su falta de madurez física y mental, necesita protección y cuidado especiales, incluso la debida protección legal, tanto antes como después del nacimiento". La declaración insta a todas las personas y gobiernos que reconozcan esos derechos y luchen por la observancia con medidas legislativas.

Como un hecho importante, conforme al tratado internacional de la Organización de las Naciones Unidas (ONU), denominado Carta de las Naciones Unidas Carta de las Naciones Unidas en 1966, en el cual se aprueban el Pacto Internacional de los Derechos Civiles y el Pacto Internacional de Derechos Económicos, Sociales y Culturales. Con ello se promovió la protección de los niños y niñas contra la explotación y el derecho a la educación. (Pacto Internacional de Derechos Civiles y Políticos, 1966, p.1).

Tercera Fase de los derechos de los niños

En 1979 la Comisión de los Derechos Humanos de la ONU, declara el año internacional del niño, el cual propicia una causa importante en favor de la protección y procuración del desarrollo pleno en la infancia. Este proceso tuvo repercusión 10 años después, es decir, en 1989, cuando la Asamblea General de las Naciones Unidas aprobó de por unanimidad la denominada Convención sobre los Derechos del Niño (CIDN),adoptada en la ciudad de Nueva York, EUA, el día veinte de noviembre del mismo año.

Compromiso por la humanidad o también nombrada cumbre mundial en favor a la infancia: de reconocimiento internacional colmada de nobleza, osadía y magnificencia, es el vigésimo instrumento jurídico de ratificación o adhesión que considera los derechos de la niñez como merecimiento especial de ayuda y protección que avala los derechos civiles, políticos, económicos y culturales en condiciones de igualdad, dignidad y seguridad al mismo tiempo que los fundamentales a los adultos. Esfuerzo que se traduce en un cambio cultural de buena voluntad y el tratado más significativo que se haya establecido en la historia de derechos humanos para la infancia; planteamiento pleno, generoso y humanitario en el cual se aprueba la declaración mundial sobre la supervivencia, la protección y el desarrollo del niño (Convención Internacional sobre los derechos del niño, 2011, p 9-12).

México participó en la Convención. Eran los tiempos del sexenio presidencial de Carlos Salinas de Gortari quien dio nombramiento de Secretario de Relaciones Exteriores a Fernando Solana Morales quien mantuvo como Subsecretario a Andrés Rozental[1], personaje que certificó en los archivos de la Secretaría copia de la Convención sobre los derechos del niño (Cámara de Senadores del H. Congreso de la Unión, 1989).

Dentro de los logros de la CIDN resalta el rescate de la imagen del menor como un sujeto pleno de derechos, pero también el reconocimiento de que el niño, en su pleno y armonioso desarrollo de su personalidad, debe crecer en un ambiente de felicidad, amor y comprensión. En este sentido, el seno de la familia se detectó como la principal vía para lograrlo. La CIDN se convirtió en un Tratado Internacional de la ONU ya que el 2 de septiembre de 1990 entró en vigor luego de ser ratificado por 146 países o Estados parte (Cámara de Diputados, LX Legislatura, 2007, p.10); a la fecha ha sido aceptada por todos los países del mundo excepto Estados Unidos, Somalia y Sudán del Sur (British Broadcasting Corporation, 2013).

Cuatro años después de la Convención Internacional sobre los Derechos del Niño, se llevó a cabo otra de importancia para los niños migrantes: la Convención Interamericana sobre Tráfico Internacional de Menores.

---

[1] Rozental tenía experiencia diplomática ya que en Ginebra (1982-83) había sido representante de México ante los organismos internacionales. Su trayectoria dentro de la Cancillería Mexicana le dio pauta a involucrarse en la Convención sobre los Derechos del Niño.

Aprobada en el año de 1994 y en vigor en 1996 dentro de un marco normativo de 35 artículos enfatiza la inquietud universal de regular los aspectos civiles y penales del tráfico internacional de menores; reafirmando la magnitud en la cooperación mundial para lograr una eficaz protección del interés superior de los niños y las niñas (Convención Interamericana sobre Tráfico Internacional de Menores, 1994). Definitivamente con ésta convención quedó en claro que la problemática de la niñez seguía ganando espacios a escala mundial.

Principios de interés superior del niño

De acuerdo con la UNICEF (2011, p.12-15) la defensa del derecho internacional de la niñez conlleva una serie de causas y/o fundamentos que cimentan las bases para reconocer y hacer valer sus garantías. En la Convención Internacional de los Derechos del Niño, se enumeran así:

I. Principio de interés superior del niño
II. Principio de no discriminación
III. Derecho a la participación
IV. El derecho a la vida, la supervivencia y el desarrollo
V. Principio de unidad familiar
VI. Derecho a la protección contra la violencia
VII. Principio de no devolución
VIII. Garantía del debido proceso; el cual es base para que todos y cada uno de los derechos se conviertan en realidad.

El primero de ellos es el Principio de interés superior del niño el cual se refiere en el artículo 3°:

> *"En todas las medidas concernientes a los niños que tomen las instituciones públicas o privadas de bienestar social, los tribunales, las autoridades administrativas o los órganos legislativos, una consideración primordial a que se atenderá será el interés superior del niño" (Convención sobre los derechos del niño, artículo 3°).*

El segundo principio es el de no discriminación el cuál se debe al artículo 2° de la **CIDN** que a la letra dice:

> *"Los Estados Partes tomarán todas las medidas apropiadas para garantizar que el niño se vea protegido contra toda forma*

de discriminación o castigo por causa de la condición, las actividades, las opiniones expresadas o las creencias de sus padres, o sus tutores o de sus familiares" (Convención sobre los Derechos del Niño, artículo 2°).

El derecho a la participación es el tercer fundamento de la CIDN y se refiere a: abogar por el derecho del niño a expresar su opinión libremente en todos los asuntos que le afectan; dicho esto en el párrafo 1 del artículo 12, así como también el derecho a la información del artículo 13 y 17, así como a participar en los procedimientos que lo conciernen

Los Estados Partes garantizarán al niño que esté en condiciones de formarse un juicio propio el derecho de expresar su opinión libremente en todos los asuntos que afectan al niño, teniéndose debidamente en cuenta las opiniones del niño, en función de la edad y madurez del niño (Convención sobre los Derechos del Niño, párrafo 1, artículo 2°).

1. *El niño tendrá derecho a la libertad de expresión; ese derecho incluirá la libertad de buscar, recibir y difundir informaciones e ideas de todo tipo, sin consideración de fronteras, ya sea oralmente, por escrito o impresas, en forma artística o por cualquier otro medio elegido por el niño.*
2. *El ejercicio de tal derecho podrá estar sujeto a ciertas restricciones, que serán únicamente las que la ley prevea y sean necesarias:*

   a) *Para el respeto de los derechos o la reputación de los demás; o*
   b) *Para la protección de la seguridad nacional o el orden público o para proteger la salud o la moral públicas (Convención sobre los Derechos del Niño, artículo 13°).*

1. *Los Estados Partes reconocen la importante función que desempeñan los medios de comunicación y velarán porque el niño tenga acceso a información material procedente de diversas fuentes nacionales e internacionales, en especial la información y el material que tenga por finalidad promover su bienestar social, espiritual y moral y su salud física y mental. Con tal objeto, los Estados Partes:*

a) *Alentarán a los medios de comunicación a difundir información y materiales de interés social y cultural para el niño, de conformidad con el espíritu del artículo 29;*

b) *Promoverán la cooperación internacional en la producción, el intercambio y la difusión de esa información yesos materiales procedentes de diversas fuentes culturales, nacionales e internacionales;*

c) *Alentarán la producción y difusión de libros para niños;*

d) *Alentarán a los medios de comunicación a que tengan particularmente en cuenta las necesidades lingüistas del niño perteneciente a un grupo minoritario o que sea indígena;*

e) *Promoverán la elaboración de directrices apropiadas para proteger al niño contra toda información y material perjudicial para su bienestar; teniendo en cuenta las disposiciones de los artículos 13 y 18 (Convención sobre los Derechos del Niño, artículo 17°).*

El Derecho a la vida, la supervivencia y el desarrollo es el cuarto principio de la CIND el cual hace referencia al artículo sexto, dice lo siguiente:

1. *Los Estados Partes reconocen que todo niño tiene el derecho intrínseco a la vida*

2. *Los Estados Partes garantizarán en la máxima medida posible la supervivencia y, el desarrollo del niño (Convención sobre los Derechos del Niño, artículo 6°).*

Otro de los artículos que hace lugar en este principio son los artículos 24,27,28,29 y 31 de la CIDN, los cuales expresan en que al niño hay que proporcionarle las condiciones óptimas para vivir su infancia, y todo el contexto de la salud, un nivel de vida adecuado, la educación, el ocio y el juego; ya que son importantes para garantizar el máximo desarrollo del niño.

El quinto apartado se refiere al Principio de unidad familiar en el cual el preámbulo de la CIDN afirma que la familia es el "medio natural para el crecimiento y el bienestar de todos sus miembros, y en particular de los niños". En este sentido, reconoce que "para el pleno y armonioso desarrollo de la personalidad, [el niño] debe crecer en el seno de la familia, en un ambiente de felicidad, amor y comprensión. De ahí se enlaza el artículo 9 de la CIDN.

El sexto principio es el Derecho a la protección contra la violencia. Tiene sustento en el artículo 19 de la CIDN protege al niño contra "toda forma de perjuicio o abuso físico o mental" mientras se encuentre bajo la custodia de sus padres u otras personas encargadas de su cuidado, con lo que reafirma el derecho fundamental del niño al respeto de su dignidad y a la integridad física y personal.

> 1. *Los Estados Partes adoptarán todas las medidas legislativas, administrativas, sociales y educativas apropiadas para proteger al niño contra toda forma de perjuicio o abuso físico o mental, descuido o trato negligente, malos tratos o explotación, incluido el abuso sexual, mientras el niño se encuentre bajo la custodia de los padres, de un representante legal o de cualquier otra persona que lo haga a su cargo.*
>
> 2. *Esas medidas de protección deberían comprender, según corresponda, procedimientos eficaces para el establecimiento de programas sociales con objeto de proporcionar la asistencia necesaria al niño y a quienes cuidan de él, así como para otras formas de prevención y para la identificación, notificación, remisión a una institución, investigación, tratamiento y observación ulterior de los casos antes descritos de malos tratos al niño y, según corresponda, la intervención judicial (Convención sobre los Derechos del Niño, artículo 19°).*

Otro artículo presente en este Derecho antes descrito es el 6°. de la CIDN el cual está relacionado con el derecho a la vida, a la supervivencia y el desarrollo en la máxima medida posible. En cumplimiento de lo establecido en este derecho, los Estados deben adoptar medidas legislativas, administrativas, sociales y educativas para proteger al niño contra toda forma de violencia.

Las niñas y los niños afectados por la migración con frecuencia se encuentran desprotegidos. Por una parte, se ven separados de sus familias, y por otra, si no cuentan con documentos de identidad, no pueden gozar cabalmente de derechos sociales y humanos que el Estado debe brindar. Asimismo, el estatus migratorio del niño o de sus padres también puede vulnerar el derecho a la protección ya que es muy común que las personas que no tienen permisos migratorios en regla sean privadas de protección y asistencia social (UNICEF, 2011, p.14)

El séptimo es el Principio de la no devolución en el cual se refiere a "el Estado no trasladará al niño, a la niña o el adolescente a un país donde haya motivos racionales para pensar que existe peligro real de daño irreparable que los afecte, como por ejemplo, tortura, tratos degradantes y privación de la libertad (UNICEF, 2011, p.14)

El último Principio es el de la Garantía del debido proceso el cual de acuerdo con la Comisión Interamericana de Derechos Humanos (CIDH) el debió proceso legal se refiere al conjunto de requisitos que deben observarse en las instancias procesales a efectos de que las personas estén en condiciones de defender adecuadamente sus derechos ante cualquier acción del Estado que pueda afectarlos. Los órganos estatales involucrados en un proceso, ya sea administrativo sancionatorio o jurisdiccional, deben respetar el debido proceso legal. La CIDH considera que el derecho al debido proceso legal debe ser reconocido en el marco de las garantías mínimas que se deben brindar a todo migrante, independientemente de su estatus migratorio.

"El amplio alcance de la intangibilidad del debido proceso se aplica no solo *ratione materiae* sin o también *rationepersonae* sin discriminación alguna."
Asimismo, la CIDH establece que "[e]s un derecho humano el obtener todas las garantías que permitan alcanzar decisiones justas, no estando la administración excluida de cumplir con este deber. Las garantías mínimas deben respetarse en el procedimiento administrativo y en cualquier otro procedimiento cuya decisión pueda afectar los derechos de las personas (UNICEF, 2011, p.15)

Evolución y protocolos facultativos de la Convención internacional sobre los Derechos del Niño (CIDN), 1989

Antes de entrar en materia protocolaria y facultativa es necesario advertir la Convención sobre los Derechos del Niño se rige bajo las disposiciones y principios del Fondo de las Naciones Unidas para la Infancia (UNICEF); y es que desde que se creó en 1946, atesora como misión la de proteger los derechos de los niños y niñas, la de contribuir a ampliar sus oportunidades, desarrollar su potencial y garantizar el pleno goce y ejercicio de sus derechos humanos

La UNICEF acciona con la participación de más de 190 países que incluyen gobiernos de diversos niveles, organismos no gubernamentales, asociaciones civiles, etc. Encamina sus nobles y dignos propósitos garantizando para la infancia un comienzo próspero y tranquilo en la vida de todo menor, creciendo en un ambiente de armonía, exento de pobreza, desigualdad, discriminación y enfermedad (UNICEF, 2015, p.2)

Pero a pesar de toda la unificación de criterios mundiales en favor a la niñez era necesario plantear una nueva perspectiva visionaria que abarcara otros diferentes preámbulos sociales, económicos y políticos, es entonces cuando en el año 2000 la Asamblea General de las Naciones Unidas aprueba dos protocolos, uno denominado *Protocolo relativo a la participación de los niños en conflictos armados* y otro nombrado como el *Protocolo Facultativo relativo a la venta de niños, la prostitución infantil y la utilización de niños en la pornografía* (UNICEF, 2014, p.6). Once años después, es decir en el año 2011, se aprobó el *Protocolo facultativo de la Convención sobre los derechos del niño relativo a un procedimiento de comunicaciones* (UNICEF, 2014, p.73).

Este último protocolo, con 24 artículos en materia, considera y ratifica entre algunas consideraciones la de reconocer el respeto del interés superior del niño, el cual es fundamental cuando se ejercen recursos para reparar y defender la violación a sus derechos. El protocolo considera procedimientos adaptados al niño ante instancias internacionales; al igual de reforzar y complementar los mecanismos nacionales y regionales al permitir a los niños denunciar la violación a sus derechos (UNICEF, 2014, p.74-88).

En los Facultativos que vierten medios para tratar de erradicar esas violaciones a los derechos de la infancia, por lo que promueven actos de sensibilización con la sociedad difundiendo y/o abogando por la conciencia humanitaria para atacar tópicos como: la pobreza, las estructuras socioeconómicas no equitativas, la violencia intrafamiliar, la discriminación por motivo de sexo, etc. (UNICEF, 2014, p.58)

Es importante destacar el enfoque colaborativo de los protocolos. Se trata de fortalecer la asociación mundial de todos los agentes y gobiernos involucrados en las disposiciones de los instrumentos jurídicos internacionales relativos a la protección de los niños. Una de las enmiendas dirigidas a prestar una eficiente atención a la niñez es la cooperación en materia de Adopción Internacional, el Convenio de la Haya sobre la Protección de los Niños en el cual se incluyen aspectos civiles que incumben al Secuestro Internacional de Niños. o sobre la Jurisdicción, el Derecho Aplicable, el Reconocimiento, la Ejecución y la Cooperación en materia de responsabilidad Parental; o el Convenio No. 182 de la Organización Internacional del Trabajo sobre la prohibición de las peores formas de trabajo infantil y la acción inmediata para su eliminación. Demostrando en conjunto una solidaridad a la promoción, protección de los derechos del niño y consenso entre los diferentes sistemas jurídicos y las diversas culturas en relación a los principios y criterios esenciales que deben regir en la protección de la niñez. (UNICEF, 2014, p.59)

El papel de la Corte Interamericana de Derechos Humanos

La Convención Americana sobre Derechos Humanos de protección (CADH) o también nombrado Pacto de San José de Costa Rica, como medio de protección de los derechos y libertades, establece dos órganos para conocer los asuntos relacionados con el cumplimiento de la Convención: la Comisión Interamericana de Derechos Humanos (CIDH) y la Corte Interamericana de Derechos Humanos. La anterior es presentada en su opinión consultiva en noviembre del 2005 por el control de la legalidad en el ejercicio de las atribuciones conferidas a la Comisión Interamericana de Derechos Humanos.

En lo que compete a la Convención Americana en funciones; es avalada por organizaciones especializadas en la materia, como por ejemplo, la Universidad Panamericana de México, la Sabana de Bogotá y Privada de San Pedro de Sula; la Universidad de Quebec; la Clínica Jurídica del Centro de Investigación y Docencia Económicas de la ciudad de México; la Clínica de Derechos Humanos del Departamento de Derecho de la Universidad Iberoamericana de la ciudad de México; Centro por la Justicia y el Derecho Internacional (CEJIL) (Corte Interamericana de Derechos Humanos, 2005)

Bajo una prioridad del ejercicio, la Corte Interamericana de Derechos Humanos, en sus funciones efectúa el control de legalidad de las actuaciones sobre la Comisión Interamericana de Derechos Humanos; y en lo que se refiere al trámite de los asuntos, estarán bajo el conocimiento de la propia Corte, todo lo anterior será conforme a la competencia que le confiere a la Convención Americana y otros instrumentos interamericanos de protección de los derechos humanos (Corte Interamericana de Derechos Humanos, 2005)

De acuerdo a las actuaciones de la Convención Interamericana, la Corte da a conocer su objetivo primordial, el de promover la observancia y defensa de los derechos humanos en tres grandes categorías. La primera se consideran administrativas, la segunda las consultivas y direccionales y la tercera las cuasi-jurisdiccionales como se establecen en la Convención en los artículos 44 y 51 que lo sustentan la organización jurídica como necesaria para la seguridad y la paz, fundada en el orden de la moral y la justicia. Además se sustenta en la creación del régimen *sui generis* que es complementado por su carácter interpretativo en la Convención Americana, Protocolo Adicional a la Convención Americana en Materia de Derechos Económicos, Sociales y Culturales, Protocolo a la Convención Americana sobre Derechos Humanos relativo a la Abolición de la Pena de Muerte; Convención Interamericana para Prevenir y Sancionar la Tortura, Convención Interamericana sobre Desaparición Forzada de Personas, Convención Interamericana para Prevenir, Sancionar y Erradicar la Violencia contra la Mujer, y Convención Interamericana para la Eliminación de Todas la Formas de Discriminación contra las personas con Discapacidad (Corte Interamericana de Derechos Humanos, 2005)

En su propio dominio, el cometido de la Corte es el de vigilar el régimen de la legalidad anteponiendo que: "los órganos del sistema interamericano son los guardianes de la sujeción de sus actos a las reglas del sistema, en atención a la autoridad y credibilidad que les son necesarias para ejercer su mandato en forma cabal". Además, en el trámite de las actuaciones individuales, es necesario que exista una denuncia bajo lo estipulado en la Convención Americana sobre la probable violación por parte del Estado; ya que a través de una sentencia, su resolución final del litigio es dirigida legalmente por la Corte Interamericana integrada por el *corpus juris* del propio sistema de protección de los derechos humanos, especialmente del Estatuto y del Reglamento de la misma (Corte Interamericana de Derechos Humanos, 2005).

Es una obligación de ley que los Estados otorguen atención médica sin discriminación a las personas migrantes, en ese sentido la Corte Interamericana de los Derechos Humanos advierten que la atención médica en casos de emergencia debe ser brindada en todo momento para los migrantes en situación irregular, por lo que los Estados deben proporcionar una atención sanitaria integral tomando en cuenta las necesidades de grupos vulnerables. En el presente ejemplo se enuncia la falta de atención médica del Hospital Regional Universitario José María Cabral Báez, de cinco víctimas gravemente heridas, y la omisión de un diagnóstico sobre su situación y prescripción de su tratamiento, denotan omisiones en la atención que se debió brindar a los heridos para respetar y garantizar su derecho a la integridad personal, en contravención del artículo 5° en relación con el artículo 1° de la Convención (Corte Interamericana de Derechos Humanos, 2014, p.31).

Por tal motivo la Corte observa que no se brindó protección especial a favor de Roland Israel, por su condición de menor de edad, y tampoco a favor de Sylvie Felizor, quien estaba embarazada, situaciones que acentuaron la vulneración a su integridad psico-física y moral, el hecho da como consecuencia una sentencia por la reparación y costas del daño causado. El caso se asentó el 24 de octubre de 2012 nombrado como *NadegeDorzema y otros vs. República Dominicana* por violación al Derechos a la Integridad personal en el que se respalda la obligación de atención médica en casos de emergencia sin discriminación a cualquier migrante (Corte Interamericana de Derechos Humanos, 2014, p.31).

El compromiso de México en la CIDN

El marco de referencia de actuación de México queda establecido a partir de la Convención sobre los Derechos del Niño, adoptada el 20 de noviembre de 1989 y ratificada un año mas tarde, el 21 de septiembre de 1990. Fue en ese marco que el Estado mexicano se adhirió a un instrumento internacional dirigido a los derechos civiles, políticos, económicos, sociales y culturales de la niñez; y es que dicho instrumento estableció las obligaciones de los Estados Parte, para respetar, proteger y aplicar los derechos reconocidos por la Convención, sin distinción alguna y ponderando en todo momento el interés superior del niño.

Estableciendo compromisos de México con la Cumbre Mundial, en el periodo presidencial de Carlos Salinas de Gortari (1988-1994), se aprobó en 1990 el Plan Nacional de Acción a favor de la infancia (PAFI), cuya acción estaba enmarcada dentro del Plan Nacional de Desarrollo, sin embargo no significó una modificación substancial en materia de política pública en esta administración.

Desde entonces el Estado ha participado en otros espacios de carácter global como fue con la ratificación por el Senado de la República Mexicana de la Cumbre Mundial de la Infancia celebrada en la ciudad de Nueva York del 29 al 30 de septiembre de 1990 y/o en la Sesión Especial en favor a la infancia de la Organización de las Naciones Unidas (Cámara de Diputados del H. Congreso de la Unión, 2000). Por otro lado en nuestro país, se hace presente al crear el Programa Interinstitucional de Atención a Menores Fronterizos el cual surge en el año de 1996 y deriva la Red de Albergues de Tránsito como resultado del Programa de Cooperación del Gobierno Mexicano con el Fondo de las Naciones Unidas para la Infancia (UNICEF) y de la coordinación de esfuerzos entre instancias públicas, privadas y organismos de la sociedad civil (DIF/UNICEF, 2009, p.13). Los albergues están ubicados en la frontera norte y sur de México. Este programa se direcciona principalmente por el Sistema Nacional para el Desarrollo Integral de la Infancia (SNDIF), integrado por instituciones del DIF estatales, federales y albergues de las Organizaciones de la Sociedad Civil (OSC) y el Instituto Nacional de Migración. El objetivo principal de ellos es resguardar la integridad física y mental de los niños migrantes y repatriados; reintegrándolos con sus familiares y canalizándolos a sus lugares de origen (Alianza por los derechos de los niñas, niños y adolescentes en México, 2012, p.2)

Transcurriendo una década en el gobierno encabezado por Ernesto Zedillo Ponce de León (1995-2000) su mandato se limitó a presentar resultados sobre la situación de vulnerabilidad que presentaba la infancia en el país. Uno de los instrumentos que atestiguan tal involucramiento fue la aprobación de la Ley para la protección de los derechos de los niños publicada en el Diario Oficial de la Federación el 29 de mayo de 2000 (Cámara de Diputados del H. Congreso de la Unión, 2000).

Después en el gobierno panista de Vicente Fox Quesada (2000-2006), el tema tomo ciertos bríos cuando en el año 2002 se renovaron los acuerdos para garantizar los derechos de la infancia; es entonces que se hicieron presentes los acercamientos con organizaciones de la sociedad civil para tratar temas de legislación y población vulnerable que son preocupación constante de gobiernos y sociedades (Red por los Derechos de la Infancia en México, 2005, p.27-30)

La Red por los Derechos de la Infancia en México es una coalición de 73 organizaciones de la sociedad civil mexicana que desarrollan programas a favor de niñas, niños y adolescentes mexicanos en situaciones de vulnerabilidad y que operan en quince Estados de la República Mexicana. Uno de sus objetivos es ampliar el conocimiento sobre la infancia y sus derechos, fortalecer la capacidad de las organizaciones de la sociedad civil mexicana en el cumplimiento del respeto y protección de los derechos de la infancia en México, así como dentro de sus programas el de construir la agenda de políticas públicas sobre infancia y sus derechos (Red p. l., 2005).

La realidad ha preocupado cada vez más al Estado mexicano porque durante los años del 2010 al año 2014 el porcentaje de menores migrantes no acompañados mexicanos se incrementó sustancialmente al pasar de

67.1% a 83.9%, respectivamente (Anuario de Migración y Remesas México 2015). En atención a la infancia migrante, se percibe un mayor involucramiento por parte de las autoridades que buscan responsabilizarse de las situaciones vulnerables que les pudiera ocurrir a los niños y adolescentes en su trayecto en la travesía migratoria. De ahí que estén formulando e implementando nuevos programas nacionales que protegen sus derechos (Alianza por los derechos de los niños, niñas y adolescentes en México, 2012, p.2). Se advierte una intensificación de los controles fronterizos estadounidenses, lo que está provocando un ensanchamiento de la niñez migratoria desvalida (Sistema de Información sobre la primera infancia en América Latina, 2015).

Para el gobierno mexicano uno de los compromisos para combatir la violación de los infantes es con las organizaciones no gubernamentales ya que se consideran un eslabón importante en la protección y promoción de los derechos de la infancia. La contribución de estas organizaciones incluye tareas de concienciación, vigilancia, investigación, documentación y habilitación de la comunidad.

Ejemplo de ello es la Alianza por los Derechos de Niñas, Niños y Adolescentes en México (Alianza MX) constituida en agosto del 2011. Tal figura está integrada por 23 organizaciones de la sociedad civil, así como tres redes de investigación en las que se encuentran: la mesa social contra la explotación de niños menores no acompañados, el colectivo contra la trata de personas y la red por los derechos de la infancia; también está conformada por Instituto de Investigaciones Jurídicas de la UNAM, de la Facultad de Derecho de la UNAM, del Programa Infancia de la UAM-Xochimilco, de la Facultad de Sociología UAM-Xochimilco y de la Universidad Pedagógica Nacional. En conjunto conforman un espacio para la defensa de los derechos de la infancia y la adolescencia así como la incidencia para su garantía desde abril del 2011; el objetivo primordial de Alianza MX es **romper con la idea de que el tema de infancia es exclusivo para las asociaciones o instituciones y dar a conocer que este es un tema muy amplio, que se puede abordar desde diferentes perspectivas o desde diferentes disciplinas, una verdadera visión transversal**(Alianza por los Derechos de Niñas, Niños y Adolescentes en México, 2014)

En materia de derechos de niñas, niños y adolescentes no acompañados (NNA), la Alianza MX ha enfocado esfuerzos para incidir en el diseño de políticas públicas, en la agenda legislativa tanto federal como local, en la integración del Plan Nacional de Desarrollo con la propuesta "Inclusión de Niñas, Niños y Adolescentes en la Agenda Nacional"; en el cabildeo para la creación de la Comisión de la Niñez en la Asamblea Legislativa del Distrito Federal (ALDF), así como con la firma de la Agenda de Jóvenes e Infancia en convenio con la Comisión de Derechos Humanos del Distrito Federal (CDHDF) y actualmente, en la elaboración del Informe Alternativo, al cuarto y quinto Informe del Estado México al Comité de los Derechos del Niño de la ONU.

Para México el tema de la migración internacional implica substituir un enfoque de política sectorial por uno transversal, es decir, por uno que promueva y asegure la participación integrada y vinculante de todos los organismos con facultades en el tema, sean públicos, privados y/o de la sociedad civil. Dentro de las circunstancias más lacerantes, que han repercutido en que el gobierno busque alternativas socialmente responsables, se detecta una que incumbe tanto a la frontera norte como a la sur: el incremento de menores migrantes no acompañados. Tan importante ha sido la cantidad de repatriaciones por parte del gobierno de los Estados Unidos de América que la situación ha sido tratada en el Senado de la República como punto de acuerdo que exhorta a la Secretaría de Relaciones Exteriores, así como al de Instituto Nacional de Migración, a garantizar los derechos de niñas, niños y adolescentes que son repatriados hacia México.

Las acciones encaminadas han tomado diversas direcciones. Una de ellas ha sido la labor del poder legislativo, específicamente con la instalación de la Comisión de Derechos de la Niñez y la Adolescencia el 13 de noviembre del 2013. Con dicha figura, el Senado de la República ha asegurado la participación de la delegación gubernamental en las diversas sedes internacionales programadas para informar acerca sobre el cumplimiento de la Convención sobre los Derechos del Niño. Hay que aclarar que son los gobiernos los responsables de incorporar sus acciones en los informes dirigidos al Comité de los Derechos del Niño, ya que es el órgano de expertos que supervisa la aplicación de la http://www.ohchr.org/SP/ProfessionalInterest/Pages/CRC.aspxCIDN por sus Estados Partes. Tener en cuenta el contenido de los informes es elemental para entender simplificada y sistemáticamente el compromiso del Estado en la materia, siendo la labor legislativa un indicador en el nivel de avance.

Cabe señalar que el diseño e implementación de políticas migratorias en los Estados Parte de la CIDN queda sujeta a la evaluación de organismos internacionales quienes emiten recomendaciones de vigilancia del cumplimiento de los compromisos en materia de la niñez: tal es el caso del armonioso cumplimiento del Comité de los Derechos del Niño con las leyes locales y regionales de las entidades federativas del país. Otra recomendación hacia ese Comité es que tome todas las medidas necesarias para acabar con la explotación de mujeres y niñas en la prostitución y la pornografía, mediante el fortalecimiento de medidas de prevención. Las recomendaciones poseen un valor importante pues México forma parte de los organismos que las emiten, por lo que debe de tomarlas en consideración para subsanar las carencias detectadas por los Comités de Expertos de que evalúan el grado de cumplimiento de los instrumentos internacionales por parte de los países (Cámara de Diputados, 2009, p.20-21

Año 2011: tiempo de expedición de leyes y políticas migratorias

En el año 2011 estando en funciones presidenciales Felipe de Jesús Calderón Hinojosa, se publica en el Diario Oficial de la Federación del 25 de mayo de 2011 la Ley de Migración, la cual en su artículo 2 señala:

> La política migratoria del Estado Mexicano es el conjunto de decisiones estratégicas para alcanzar objetivos determinados que con fundamento en los principios generales y demás preceptos contenidos en la presente Ley, se plasman en el Reglamento, normas secundarias, diversos programas y acciones concretas para atender el fenómeno migratorio de México de manera integral, como país de origen, tránsito, destino y retorno de migrantes (Ley de Migración, 2011, p.1)

Algunos de los principios de la Ley de Migración son: el respeto irrestricto a los derechos humanos; la no criminalización del migrante irregular; la responsabilidad compartida; la facilitación de la movilidad internacional de personas; la unidad familiar e interés superior del niño en reconocimiento de los derechos adquiridos de los migrantes y la equidad entre nacionales y extranjeros; todo en un marco de respeto, protección y salvaguarda de los derechos humanos, de contribución al desarrollo nacional y de preservación de la soberanía y de la seguridad nacional.

Al interior de la Ley, específicamente en el artículo 71, queda establecido el establecimiento del denominado Grupo Beta de Protección al Migrante, el cual tiene como objetivo el proteger y defender los derechos humanos de los migrantes, sin distinción de su nacionalidad o situación migratoria; así como auxiliar y salvaguardar a los migrantes ante situaciones de riesgo o intentos de abuso por parte del crimen organizado, al igual de las autoridades y particulares (Instituto Nacional de Migración, 2015).

Ese mismo año el poder legislativo, por iniciativa del poder ejecutivo, reafirma la política migratoria[2] con la expedición de la Ley de Refugio y Protección Complementaria[3]. Con este instrumento se establecieron las obligaciones internacionales contraídas por nuestro país en cuanto a asuntos de refugiados y protección humanitaria. Uno de los preceptos más importantes de esta ley es que cubre los derechos de los migrantes al garantizar derechos jurídicos; para ello se crea una fiscalía especializada para la atención de delitos cometidos contra los migrantes respaldada por la Procuraduría General de la República. Con lo anterior se cubrió otra dimensión del proceso migratorio, al armonizar las disposiciones de seguimiento y evaluación de las nuevas reformas migratorias con los acuerdos internacionales en favor de las personas migrantes (Woodrow Wilson International Center of Scholars, 2011, p. 19-20).

La imbricación entre INM, DIF, SRE y CNDH

La Secretaría de Relaciones Exteriores (SRE) es la dependencia encargada de la ejecución de la política exterior de México, así como de intervenir en toda clase de tratados, acuerdos y convenciones de los que

---

[2] Dentro de la política pública migratoria en México se tiene un referente que data del año 1989, en pleno marco de la Convención Internacional sobre los Derechos del Niño, con la creación del Programa Paisano "Bienvenido a Casa" el 6 de abril de ese año, el cual tiene como objetivo principal el garantizar el flujo migratorio seguro, ordenado y digno a los mexicanos que ingresan, transitan o salen de México. Este programa promueve un trato respetuoso y apegado a la ley, protegiendo la integridad física y patrimonial de los connacionales; además de atender y dar seguimiento a quejas y denuncias de los nacionales desde México y Estados Unidos (Instituto Nacional de Migración, 2015).

[3] El 12 de mayo de 2010, el Presidente Felipe Calderón Hinojosa presentó ante la Comisión Permanente del H. Congreso de la Unión, la Iniciativa de Decreto por el que se expide la Ley sobre Refugiados y Protección Complementaria, y se reforman, adicionan y derogan diversas disposiciones de la Ley General de Población. La Iniciativa fue turnada a la Comisión de Población, Fronteras y Asuntos Migratorios de la Cámara de Diputados (Cámara de Diputados del H. Congreso de la Unión, 2014).

México sea parte; en ese sentido en mayo del 2015 en colaboración con la oficina de México del Fondo de las Naciones Unidas se presentó el *Protocolo de Atención Consular para niños, niñas y adolescentes migrantes no acompañados.* Esta herramienta sirve de guía respecto de cómo llevar a la práctica la aplicación de los instrumentos internacionales de protección de derechos humanos. También fortalece las capacidades institucionales de la diplomacia mexicana en beneficio de la población, en particular aquella que atraviesa situaciones de vulnerabilidad. El objetivo consiste en activar la cadena de protección interinstitucional para garantizar la salvaguarda de cada uno de sus derechos (Secretaria de Relaciones Exteriores, 2015).

La SRE dentro del Programa de Protección Consular ofrece la orientación en caso de detención por parte de las autoridades migratorias. El proceso es el siguiente: cuando las autoridades migratorias detienen al migrante informan al Consulado o Embajada. El Consulado a su vez confirma la nacionalidad e identidad del sujeto detenido para ser registrado en el sistema de información. El siguiente paso es brindar asesoría a la persona sobre el proceso de detención así como asistencia legal. Una vez realizado esto, el Consulado ofrece al migrante informar a los familiares, esto si el migrante solicita dicha petición. En el caso de pretender ingresar a Estados Unidos de América, la SRE informa a toda persona que ingresar de manera indocumentada, sin el consentimiento de las autoridades, constituye una violación a la ley y que puede tener sanciones administrativas o penales; es decir, el detenido puede ser deportado o puede ir a la Corte para determinar una sentencia en su contra (Guía de Procedimientos de Protección Consular, 2013, p.15-17)

Otra Instancia reglamentaria es el Instituto Nacional de Migración (INM), instancia clave en la gestión migratoria en México. El INM fue creado el 19 de octubre de 1993 (Dirección de Migración y Derechos Humanos, 2013, p.2) y es la autoridad competente para verificar los documentos y la situación migratoria de los extranjeros que se encuentran en el territorio nacional. En este sentido el INM tiene una estrecha relación con la SER, pues uno de los derechos que tiene todo migrante es a la protección y asistencia consular; motivo por el cual las autoridades migratorias deben notificar de inmediato la presentación del migrante a la Embajada o Consulado de su país en México y facilite la asistencia y asesoría, así como la localización de los familiares (Instituto Nacional de Migración, s/f, p.5).

El Instituto Nacional de Migración reconoce que los niños, niñas o adolescentes migrantes no acompañados son un grupo de situación de vulnerabilidad, por lo que, en aquellos casos en lo que algún menor sea puesto a su disposición, procederá a canalizarlo de manera inmediata al Sistema para el Desarrollo Integral de la Familia (DIF). El proceso tiene como objetivo privilegiar su estancia en lugares donde se le proporcione la atención adecuada, se le informe con claridad sobre sus derechos y se le brinde los servicios de representación y asistencia jurídica que requiera. Estará a cargo de un Oficial de Protección a la Infancia para vigilar sus derechos humanos e integridad física, además de asistirlo en el retorno a su país de origen. Los Oficiales de Protección a la Infancia (OPIS) son personal de INM especializado en la protección de la infancia y brindan en todo momento asistencia en el proceso migratorio. (Instituto Nacional de Migración, s/f, p.8-10)

El modelo para la protección de derechos de los niños, niñas y adolescentes migrantes y repatriados no acompañados

El modelo de protección de derechos de los niños migrantes y repatriados no acompañados tiene como antecedente el Programa de Atención a Menores Fronterizos, creado en el año de 1996. Dicho programa tiene como directriz principal la construcción de opciones regionales viables para el arraigo de los menores en su comunidad de origen. Otro lineamiento importante es la consolidación de los mecanismos pertinentes que incidan en una repatriación segura y ordenada del menor migrante y repatriado, garantizando su integridad física y emocional; así como también el apoyo desde el momento de su detención hasta su integración al núcleo familiar o comunitario. Una de sus líneas estratégicas consiste en desanimar a todos aquellos niños que intentan migrar hacia la frontera norte. Sin embargo para fortalecer esta iniciativa una vez que el INM detiene a un menor son canalizados a los Centros de Atención de menores fronterizos (CAMEF) dependientes del DIF y están instalados en los puentes fronterizos (Manual de Referencia para el modelo para la protección de derechos de los niños, niñas y adolescentes migrantes y repatriados no acompañados, s/f, p.4-5).

El Instituto Nacional de Migración propone el modelo de protección de derechos de los niños migrantes y repatriados no acompañados. Dicho modelo fue creado por la participación de las mesas de diálogo interinstitucional sobre niños, niñas y adolescentes no acompañados, las cuales fueron instaladas desde marzo del 2007, con dos metas fundamentales: 1. La implementación de acciones en los lugares de origen y; 2. La instrumentación de un sistema único de comunicación, denominado "Red de información para la protección de los derechos de la niñez migrante no acompañada". En ellas se definen las políticas públicas coordinadas para salvaguardar los derechos de los niños migrantes no acompañados (Manual de Referencia para la Operación del Modelo de protección de derechos de los niños migrantes y repatriados no acompañados, 2007, p.4).

Las Instituciones que conforman las mesas de diálogo interinstitucional para la operación del modelo para la protección de derechos de los niños, niñas y adolescentes migrantes y repatriados no acompañados son: la Subsecretaría de Población Migración y Asuntos Religiosos, en ella participan organismos descentralizados del Instituto Nacional de Migración y la Comisión Mexicana para la Atención a Refugiados; El Instituto Nacional de Migración a cargo de sus OPIS en la frontera norte y sur de México; el Sistema Nacional para el Desarrollo Integral de la Familia con su Red de Albergues en los Módulos de Atención Fronterizos; la Secretaría de Relaciones Exteriores; la Secretaría de Salud; la Procuraduría General de la República; la Organización Internacional para las Migraciones y el Fondo de las Naciones Unidas para la Infancia (Manual de Referencia para la Operación del Modelo de Protección de derechos de los niños migrantes y repatriados no acompañados, 2007, p.11-12)

Este modelo como mecanismo tiene como objetivo primordial el de asegurar que los niños y las niñas vean garantizados sus derechos en cualquier etapa del circuito migratorio y decreta al calce lo siguiente:

> La principal ventaja del Modelo de Protección es que no se centra en los pasos burocráticos y administrativos institucionales sino que se centra y se guía en función de las necesidades del niño, niña o adolescente migrante y propone que las decisiones institucionales que se tomen estén encaminadas a las garantías de sus derechos (Manual de Referencia para la Operación del Modelo de Protección de derechos de los niños migrantes y repatriados no acompañados, 2007, p.5).

Dentro del marco jurídico y conceptual, el Modelo lo respalda la Constitución Política de los Estados Unidos Mexicanos por el artículo 1º y el 4º promulgado de la siguiente manera:

En los Estados Unidos Mexicanos todas las personas gozaran de los derechos humanos reconocidos en esta constitución y en los tratados internacionales de los que el estado mexicano sea parte, así como de las garantías para su protección, cuyo ejercicio no podrá restringirse ni suspenderse, salvo en los casos y bajo las condiciones que esta constitución establece (Constitución Política de los Estados Unidos Mexicanos, artículo 1º).

El varón y la mujer son iguales ante la ley. Esta protegerá la organización y el desarrollo de la familia. Toda persona tiene derecho a decidir de manera libre, responsable e informada sobre el número y el espaciamiento de sus hijos (Constitución Política de los Estados Unidos Mexicanos, artículo 4º)

Dicho Modelo también menciona a la Convención de los Derechos de los Niños dentro de las leyes el artículo 1º y 2º y la Ley de Protección de los Derechos de los Niños y Niñas donde hace presencia la postulación de los principios jurídicos en defensa de la niñez (Manual de Referencia para la Operación del Modelo de Protección de derechos de los niños migrantes y repatriados no acompañados, 2007, p.6-10).

Epílogo

Tras la presente investigación se concluyó que, en la agenda política internacional y nacional han otorgado a la infancia migratoria un escenario de respaldo y defensa con la creación de tratados y convenciones a nivel internacional, los cuales establecen principios jurídicos que garantizan el interés superior de los derechos de todos los niños, niñas y adolecentes en todos los Estados partes del mundo.

Se considera que la Convención Internacional sobre los derechos del niño (CIDN) es el tratado de derechos humanos más amplia y rápidamente ratificado en la historia y es uno de los tratados que reúne al mayor número de Estados partes, EUA es una de las potencias mundiales que revisa minuciosamente los tratados, sin embargo ¿porqué este país no está dentro de la Convención?. **La Comisión Interamericana de Derechos Humanos (CIDH) exhorta a los Estados Miembros de la Organización de los Estados Americanos (OEA) a abolir la pena de muerte, en ese sentido** Estados Unidos es actualmente el único país de las Américas donde se llevan a cabo ejecuciones a la pena de muerte motivo por el cual hasta nuestros días no está dentro de la lista de Estados miembros.

De acuerdo al Instituto Nacional de Migración, México es un país de origen, tránsito y destino de migrantes, y es cada vez mayor el cruce de niñez migrante hacia el país vecino del norte, en ese sentido nuestro país une sus esfuerzos a enlazarse con la CIDN, así como los protocolos y programas nacionales encaminados a fortalecer cada vez las políticas migratorias. No obstante el desglose histórico en defender los derechos de la infancia en todos los países del mundo data desde antes del siglo XX; sin embargo nacionalmente la vinculación en atender el llamado a tan vulnerable escenario migratorio es relativamente hace pocos años en comparación a otros Estados que no tienen migraciones con porcentajes tan altos como el nuestro.

La Corte Interamericana de Derechos Humanos tiene atribuida, junto con la Comisión Interamericana de Derechos Humanos, la competencia para conocer los asuntos relacionados con el cumplimiento de los compromisos contraídos por los Estados Partes en la Convención Americana sobre Derechos Humanos (CADH). Es por eso que La Corte Interamericana de Derechos Humanos vigila el régimen de la legalidad anteponiendo los órganos del sistema interamericano como guardianes de las reglas del sistema; en ese sentido se cree que cada vez es mayor las sentencias y dictámenes de la Corte Interamericana de Derechos Humanos a favor del número de niñez migrante por respetar y garantizar su derecho a la integridad personal.

Bibliografía

Constitución Política, d. l. (4 de Febrero de 2016). *Secretaría de Gobernación*. Recuperado el 2016 de Enero de 29, de http://www.ordenjuridico.gob.mx/constitucion.php

Secretaria, R. E. (2013). Guía de Procedimientos de Protección Consular. 64.

Sistema, d. I. (Junio de 2015). *Una mirada hacia la primera infancia en contextos de migración internacional*. Recuperado el 2 de Febrero de 2016, de http://www.sipi.siteal.org/publicaciones/1014/cuaderno-una-mirada-hacia-la-primera-infancia-en-contextos-de-migracion

Woodrow Wilson, I. C. (2011). Entendiendo el cambio a las leyes de Inmigración de México. 48.

UNICEF. (2011). La Travesía Migración e Infancia. 43.

UNICEF. (2014). Convención sobre los Derechos del niño. 88.

UNICEF. (2015). Copatrociandor de ONUSIDA. 4.

Alianza, p. l. (2012). Los Derechos de los niños en el contexto de migracion internacional. 6.

Alianza, p. l. (2 de Febrero de 2016). *Informe Alternativo al cuarto y quinto informe consolidado sobre el cumplimiento de los derechos del niño en México*. Recuperado el 26 de Enero de 2016, de http://www.uam.mx/cdi/pdf/s_doc/biblioteca/informe_ejec_alianzamx_esp.pdf

Anuario, M. R. (2015). 179.

British, B. C. (20 de Noviembre de 2013). *BBC Noticias*. Obtenido de http://www.bbc.com/mundo/noticias/2013/11/131108_internacional_eeuu_tratado_ninos_ratificacion_tsb

DIF, U. (2 de Febrero de 2016). *Red de Albergues de Tránsito de niños, niñas y adolescentes migrantes*. Recuperado el 2015 de Diciembre de 20, de www.unicef.org/mexico/spanish/AnalisisP1.pdf

Dirección, d. M. (2013). Una Mirada al Instituto Nacional de Migración a 20 años de su creación. *La Gestión Migratoria en México Boletín No. 1*, 3.

Honorable Congreso, C. d. (2011). Ley de Migración. 48.

Honorable Congreso, C. d. (29 de Mayo de 2000). *LEY para la Protección de los Derechos de Niñas, Niños y Adolescentes*. Obtenido de dof.gob.mx/nota_to_doc.php?codnota=2055514

Honorable Congreso, C. d. (12 de Enero de 2016). *Centro de Estudios para el adelanto de las mujeres y la equidad de género*. Recuperado el 18 de Diciembre de 2015, de www.diputados.gob.mx/documentos/.../POLITICAS_CEAMEG.pdf

Honorable Congreso, C. d. (20 de Noviembre de 1989). *Convención sobre los Derechos del Niño.* Obtenido de http://www.ordenjuridico.gob.mx/ TratInt/Derechos%20Humanos/D40.pdf

González, C. M. (24 de Noviembre de 2005). *Congreso Internacional de los Derechos de la Familia.* Recuperado el 10 de Enero de 2016, de www.juridicas.unam.mx/sisjur/familia/pdf/15-153s.pdf

Instituto Nacional, d. M. (4 de Febrero de 2016). *Secretaría de Gobernación.* Recuperado el 18 de Diciembre de 2015, de http://www.gob.mx/inm

Interamericana, C. d. (2005). 14.

Interamericana, C. d. (2014). Migrantes. *DANIDA Cooperación Internacional al Desarrollo,* 69.

Interamericana, C. I. (1994). 8.

Internacional, C. s. (2011). Comisión Presidencial Coordinadora de la Política del Ejecutivo en materia de derechos humanos. 62.

Internacional, P. d. (1966). 14.

Manual de Referencia, p. e. (s/f). 33.

Red, D. d. (2005). Rostros de la desigualdad, Infancia Mexicana. 213.

Red, p. l. (2005). *Red de los Derechos de la infancia en México.* Recuperado el 31 de Enero de 2016, de http://www.derechosinfancia.org.mx/Red/ red_espl.htm

DESPLAZAMIENTOS FORZADOS

Mtra. María Hilda Sámano García
Mtra. Rosa María Rodríguez Limón

Introducción

A lo largo de la historia, México ha enfrentado por distintas razones el desplazamiento forzado de sus ciudadanos dentro del mismo territorio o inclusive al exterior. Lo anterior supone un proceso complejo que afecta no solo la economía del lugar de origen y destino, sino que implica una readaptación al nuevo entorno. En este sentido, el desplazamiento forzado de una población evidencia la existencia de algún problema social, político, económico, bélico o de algún otro tipo que fuerza a la sociedad a trasladarse temporal o permanentemente en busca de un lugar que satisfaga sus necesidades de seguridad y protección.

En México a partir del 2011 se han registrado miles de cifras de personas que debido al crimen organizado se ven forzadas a huir de su lugar de origen, ya sea porque han sido violentadas directamente o porque temen serlo en un futuro. Dicho desplazamiento es en sí un grave problema, pero lo es aún más lo que lo origina y la falta de medidas de acción efectivas por parte del Estado de gobierno que le den solución a este.

En el presente trabajo se exponen los desplazamientos forzados por los que ha atravesado el país y Tamaulipas que actualmente enfrenta como consecuencia de la violencia. A través de una explicación histórica del crimen organizado se pretende comprender cómo comenzó esta guerra que hasta la fecha sigue presente, así como una serie de acciones que el gobierno debe emprender para hacer frente a la situación.

Desarrollo

Al referirnos al tema de desplazamiento forzado, la Comisión Nacional para prevenir la discriminación expresa que es un fenómeno social poco estudiado de manera académica y poco atendido de manera política por el Estado Mexicano, de ahí que no exista hasta el momento un marco jurídico que lo regule (CONAPRED, 2008), así mismo la Organización de las Naciones Unidas (ONU) y de acuerdo a la mayoría de los trabajos y leyes sobre el tema define al desplazamiento forzado de la siguiente manera:

El fenómeno en el que personas o grupos de éstas (que por sus condiciones sociales, políticas, religiosas, etcétera, no tienen posibilidad de elegir si se desplazan o no), se ven de manera violenta y obligada a dejar su hogar o lugar de residencia habitual debido a los daños que les ha producido un conflicto (social, político, religioso, etcétera) y así trasladarse a otro lugar que se encuentra dentro del territorio del país de origen con todo y los costos sociales y económicos que ello implica para éstos.

De acuerdo a una categorización del término de desplazamiento forzado, este puede clasificarse en: económico, cuando la persona emigra por falta de empleo, o condiciones de vida desfavorables; otra tipificación es por causas ambientales cuando las catástrofes naturales de un territorio hacen que sus habitantes huyan del mismo en busca de un lugar estable y seguro; sin embargo por condiciones religiosas o raciales es una categorización que abarca violaciones a los derechos humanos pues enuncia el daño del fenómeno en las personas que lo sufren, además manifiesta el carácter obligatorio y violento y por ende "no voluntario" (CONAPRED, 2008).

Según la CODHES[4] el desplazamiento[5] forzado en México se ha alojado en varias décadas en nuestro país por varias causas, para referirlas significativamente en los años ´70s por la intolerancia religiosa tal es el caso de las expulsiones de indígenas evangélicos en los Altos de Chiapas. Los evangélicos que representaban en 1950 el 2.5% de la población, para los años 80´s fue de 23%, por lo tanto en nuestros días uno de cada cuatro chiapanecos es protestante (Marroquín, 1996).

El segundo oleaje de desplazamientos forzados en nuestro país se presenta con el levantamiento del Ezln[6] a este respecto según la Coordinación de Organismos No Gubernamentales por la Paz (Conpaz) en 1994 contabilizó 17 mil 139 desplazados en los municipios de Comitán, Las Margaritas, Ocosingo y Altamirano los cuales fueron despojados de sus pertenencias, de sus tierras y se les ha obligado a salir forzadamente a causa del conflicto armado vivido en Chiapas; así como la militarización de algunas zonas provocó un gran número de asesinatos, detenciones arbitrarias y desapariciones forzadas, lo que llevó a que muchas familias

---

[4] La Consultoría para los Derechos Humanos y el Desplazamiento -CODHES- es una organización no gubernamental de carácter internacional con sede en la ciudad de Quito, Ecuador en julio de 2010 que promueve la realización y vigencia integral de los derechos humanos de las personas desplazadas, refugiadas y migrantes teniendo como referente, en casos específicos, el Derecho Internacional Humanitario, el Derecho Internacional de los Refugiados y los Principios Rectores sobre los Desplazamientos Internos. Desde los Derechos Humanos, asume como mandato la construcción democrática de la paz, la justicia y equidad social, como vía segura para prevenir el desarraigo, el destierro y el despojo.

[5] CODHES y el desplazamiento tiene por objetivo general: contribuir a la promoción y protección de los Derechos Humanos, en especial de la población desplazada, a través de la investigación, el desarrollo de sistemas de información, análisis y formulación de alternativas institucionales y la construcción de soluciones sociales desde una perspectiva democrática y de convivencia pacífica. Esta proyección exige trabajar para la urgencia de la crisis, pero también para un eventual escenario de post conflicto que requiere el fortalecimiento de capacidades sociales y protección de las comunidades, grupos poblacionales y sectores en medio del conflicto.

[6] Ejército Zapatista de Liberación Nacional inicia en 1983 con el primer campamento guerrillero en la selva lacandona en Chiapas. Su objetivo era rechazar el sistema político neoliberal mexicano con sus promesas de modernización, que mantenía en la desidia a la comunidad indígena y campesina, así como establecer una democracia participativa.

huyeran de la región obligándolas a renunciar a todos sus derechos (Centro de Derechos Humanos Fray Bartolomé de las Casas, 2003).

Sin embargo hablar de un desplazamiento forzado causado por inseguridad pública o por parte de la violencia generada por el crimen organizado se refiere a la siguiente definición:

> *Es un recurso de sobrevivencia de poblaciones civiles frente a los regímenes de violencia interna, es una acción y reacción en situaciones extremas, porque evidencia la imposibilidad de garantizar la vida (Salazar; Castro, 2014). Los desplazamientos forzados se producen de manera masiva, cuando las bandas criminales amenazan directamente a poblaciones enteras; o a cuenta gotas, cuando familias extorsionadas o amenazadas de secuestro desaparecen bruscamente, cerrando negocios y mermando la actividad económica de las ciudades (Mestries, 2014).*

Hoy en día los estados del norte de la república mexicana son los más ensombrecidos por la violencia generada por los enfrentamientos entre grupos de narcotraficantes, lo que ha generado la expulsión de personas de comunidades tanto urbanas, como rurales los cuales no distingue clases sociales, género, edad.

El estado de Tamaulipas cuenta con una larga frontera con EE.UU., una extensa costa y 17 puentes internacionales entre Nuevo Laredo y Matamoros; lo cual lo convierte en una región estratégica en términos de comercio, migración y tráfico de droga (Correa-Cabrera; 2012).

En este sentido, Correa-Cabrera (2014) informa que el Cártel del Golfo (CDG[7]) consolidó su poder dentro de la organización través del uso extensivo de la violencia y, en particular, a través de la introducción de

---

[7] El CDG es una organización criminal que surgió en Matamoros Tamaulipas a finales de 1960, y que se consolidó en las décadas de 1980 y 1990 con la introducción de cocaína, marihuana, metanfetaminas y heroína a las principales ciudades de la Unión Americana a través de la frontera Tamaulipas-Texas (Correa-Cabrera, 2013).

los Zetas[8] como su brazo armado (Flores, 2010; Nava, 2011). A principios de 2010 se dio una fractura entre las dos organizaciones a causa del asesinato de Víctor Peña Mendoza conocido como "Concord 3", el cual se desempeñaba como lugarteniente y escolta de Heriberto Lazcano; este sujeto es secuestrado por órdenes de Samuel Flores Borrego alias "Metro3" el cual se desempeñaba como jefe de plaza de la ciudad de Reynosa por parte del cartel del golfo, iniciando una guerra en Cd. Mier (Grayson y Logan, 2012).

A razón de este hecho la violencia en Tamaulipas se disparó, se registraron 1,209 asesinatos vinculados al crimen organizado (Gobierno Federal, 2010) incluyendo el del candidato del Partido Revolucionario Institucional (PRI) a la gubernatura del estado, Rodolfo Torre Cantú a mediados del mismo año (Correa-Cabrera, 2014).

La ausencia de Estado de Derecho y la pérdida de control territorial por las instituciones políticas y de orden público provocó que aterrorizaran a los habitantes, generando desplazamientos, en especial en zonas rurales, de éxodo de su población que se refugian en otro municipio o ciudad del mismo o en otro estado (desplazados forzados internos[9]), y, en ciertos casos, en Estados Unidos, donde son refugiados sin estatus de asilados (Mestries, 2014).

En Tamaulipas, 12 municipios han sido afectados en la zona fronteriza, el centro y la costa. En primer lugar se encuentran Ciudad Mier y Camargo que perdieron 4,431 habitantes; seguido de San Fernando, con 1,400 desplazados donde se suspendieron servicios de luz, agua, teléfono y policía, además de encontrarse narcofosas[10] con 72 migrantes asesinados (Mestries, 2014).

---

[8] El grupo de los Zetas se formó a partir de militares desertores que pertenecieron al ejército mexicano, y se introdujeron como brazo armado del CDG durante el mandato de Osiel Cárdenas Guillén. Su introducción cambió el panorama del narcotráfico, así como la forma en que funcionan las organizaciones criminales al elevar la violencia a niveles nunca antes vistos con la finalidad de ganar control territorial.

[9] Se define los desplazados forzados internos como las personas o grupos de personas forzadas a escapar o huir de su lugar de residencia habitual, de situaciones de violencia generalizada, de violaciones a los derechos humanos y que no han cruzado frontera estatal internacionalmente reconocida.

[10] Son sepulturas clandestinas donde depositan los sicarios a sus víctimas, con el fin de que no los encuentren ni los puedan identificar.

Los desplazamientos forzados en Tamaulipas son producto de la violencia ocasionada por el crimen organizado y sus conflictos internos, de la militarización del combate al narcotráfico y de la criminalización de los luchadores sociales, a menudo resultado de la complicidad entre autoridades locales, fuerzas represivas y organizaciones delictivas (Mestries, 2014).

El desplazamiento forzado no sólo repercute en los estados y regiones emisores, sino en las localidades o estados que reciben a los desplazados, por lo que se convierte en un problema con dos caras pues no hay cifras oficiales sobre los estados receptores sobre este fenómeno. Cabe señalar que Instancias como la Comisión Nacional de los Derechos Humanos ha oficializado ya el suceso a nivel nacional, dando a conocer el mes de mayo del 2016 que, el 60% de los casos reportados en México han sido de Tamaulipas (CNDH[11], 2016). Actualmente la preocupación de la Comisión Nacional de Derechos Humanos es difundir y hacer un llamado a cada región del país con el propósito de visualizar este fenómeno, y así brindar apoyo, protección y asistencia humanitaria a las Personas Internamente Desplazadas (PIDs) en nuestra entidad.

Así otra organización denominada Instituto Mora[12], ha creado un Observatorio del Desplazamiento, la cual comenta que aún es escasa la información y el material generado de investigaciones que puedan retroalimentar resultados de los éxodos en los diferentes estados afectados. Este tipo de iniciativas abren un espacio para la socialización del tema al generar debates públicos con la finalidad de apoyar la búsqueda de soluciones en las entidades en general que sufren este fenómeno.

Castro y Salazar (2014) informan que la movilización de los desplazados forzados tienen origen en una matriz de violencias, delitos y traumas

---

[11] Según la CNDH en el informe especial sobre desplazamiento forzado interno en México anuncian en mayo del 2016 que las comunidades expulsoras de personas desplazadas a causa de la violencia en Tamaulipas son Cd. Mier y Nuevo Laredo.

[12] El Instituto Mora está conformado por el Centro de Documentación sobre desplazamiento interno forzado en México. Se integra por un grupo académico interdisciplinario interesados en el estudio, análisis y formulación de políticas públicas sobre el fenómeno de Desplazamiento Interno Forzado en México. El grupo se constituyó en diciembre de 2010. A la fecha participan las siguientes instituciones: Facultad de Ciencias Políticas y Sociales de la UNAM; la Universidad Autónoma Metropolitana (planteles Azcapotzalco e Iztapalapa); la Unidad Sureste (Chiapas) del Centro de Investigaciones y Estudios Superiores en Antropología Social (CIESAS); y las organizaciones Iniciativa para la Identidad y la Inclusión, A.C., y Foro para el Desarrollo Sustentable, A.C.

que generan experiencias de crisis humanitaria, al vincular problemas de seguridad humana y material, riesgos y amenazas e incertidumbres, abusos y violación de los derechos humanos, deterioro del estado de paz y del derecho de residencia en su lugar habitual, entre otras transgresiones de que son víctimas.

En este sentido Rubio (2014) sugiere que las personas desplazadas se tornan vulnerables debido a la falta de protección física, la pérdida de seres queridos, redes sociales, medios de subsistencia y su patrimonio familiar. Además de que en la búsqueda de un lugar más seguro se expone a nuevos riesgos y carecen de servicios de salud, vivienda, documentos personales, trabajo y educación. La investigadora informa que otro factor que aumenta la vulnerabilidad de estas personas es su invisibilidad, ya sea porque esta es difícil de detectar por las autoridades locales por ocurrir de manera gradual, o porque sus víctimas buscan ser invisibles para evitar caer en las manos de quienes huyen. Así mismo los desplazamientos forzados a causa del crimen organizado vulneran a comunidades enteras, destruye el tejido social, causa desarraigo y pérdidas con consecuencias psicológicas de gran impacto; lo que provoca la reproducción de situaciones de miseria que a su vez reproduce patrones de violencia indeseables.

Ante esta situación de crisis humanitaria es necesario que el Estado Mexicano haga frente a la situación de desplazamiento forzado haciendo frente a las demandas de las víctimas afectadas para poder atender por entidad el llamado, en ese sentido en la revista de la biblioteca jurídica virtual del instituto de investigadores de la UNAM recomiendan los siguiente: a) hacer un reconocimiento explícito del desplazamiento y sus víctimas específicamente analizando las necesidades del fenómeno en dicha entidad; b) realizar la evaluación y medición del fenómeno tanto cuantitativa como cualitativamente; c) llevar a cabo las medidas necesarias para minimizar la situación de riesgo de los desplazados; d) crear un marco normativo a nivel federal, así como también de las entidades expulsoras y receptoras de la población desplazada con el reconocimiento de los derechos de las victimas identificando a los responsables de atender este fenómeno y que coadyuve a instrumentar políticas públicas de atención a este grupo vulnerable (Bailón, 2013).

Conclusiones

El problema del desplazamiento forzado como resultado de la lucha contra el crimen organizado en México ha sido subestimado e incluso ignorado, si bien las cifras sobre el número de desplazados varían según las diferentes fuentes, lo cierto es que se cuentan por miles y no existen políticas públicas que atiendan de manera integral este fenómeno, así, el desplazamiento interno, al igual que otras violaciones de derechos humanos (como las desapariciones forzadas o el homicidio de migrantes), forman parte de una terrible tragedia humanitaria que en buena medida se ha mantenido silenciosamente y sólo surge en la opinión pública cuando ocurren hechos masivos y aterradores. El Estado Mexicano, al no tener una pronta respuesta al problema de los desplazados internos como consecuencia de la lucha contra el crimen organizado, corre el riesgo de repetir lo mismo que ocurrió con los desplazados por el levantamiento zapatista: casi 20 años después, muchos de ellos siguen sin ser reubicados o retornados, y sin reparación alguna. La comunidad internacional ha señalado en diversas ocasiones la necesidad de que México emprenda acciones para atender debidamente el desplazamiento interno; sin embargo, hasta ahora se han llevado a cabo sólo algunas medidas de manera descoordinada y, por lo tanto, poco eficaz. Tamaulipas está enfrentando una crisis humanitaria en el fenómeno de desplazamiento forzado, en ese sentido la Comisión Nacional de los Derechos Humanos recientemente reconoce a nivel nacional la importancia de esta situación tan vulnerable y hace un llamado para atender, brindar apoyo, protección y asistencia a las víctimas de desplazamientos forzados en las entidades del país.

Bibliografía

Bailón, C. (2013). Desplazamiento forzado de población, derechos humanos y políticas públicas; tres perspectivas desde Colombia y México. Revista de la biblioteca jurídica virtual del instituto de investigadores de la UNAM, México, vol. 12 num. 4, p.138

Benavides, L; Petargo, S; (s/f). México ante la crisis humanitaria de los desplazados internos. Recuperado el 2 de septiembre de 2016 en http://exalumnos.itam.mx/FAL_dic12/14_Benavides.pdf

Castro Ibarra, J M; Salazar Cruz, L M; (2014). Tres dimensiones del Desplazamiento Interno Forzado en México. El Cotidiano, () 57-66. Recuperado de http://www.redalyc.org/articulo.oa?id=32529943008

Centro de Derechos Humanos Fray Bartolomé de Las Casas, AC (2003). Desplazados por el conflicto armado en Chiapas. Informe para Relator Especial de la ONU para los derechos Humanos y las libertades fundamentales de los indígenas. Recuperado el 3 de septiembre de 2016 en http://www.frayba.org.mx/archivo/informes/030612_desplazados_por_el_conflicto_armado_frayba.pdf

CNDH. (2016).Informe especial sobre desplazamiento forzado interno en México. Recuperado el 2 de junio del 2016 en, http://www.cndh.org.mx/sites/all/doc/Informes/Especiales/2016_IE_Desplazados.pdf

Consejo Nacional para prevenir la discriminación (2008). Dirección General Adjunta de Estudios, Legislación y Políticas Públicas. Recuperado el 3 de septiembre del 2016 en http://www.conapred.org.mx/documentos_cedoc/E07-2008_FINAL.pdf

Correa-Cabrera, Guadalupe. (2012). The Spectacle of Drug Violence: American Public Discourse, Media, and Border Enforcement in the Texas-Tamaulipas Border Region During Drug-War Times. Norteamérica, 7(2), 199-220. Recuperado en 28 de junio de 2016, de http://www.scielo.org.mx/scielo.php?script=sci_arttext&pid=S1870-35502012000200007&lng=es&tlng=en

Correa-Cabrera, G. (2014). Militarización y Seguridad ciudadana en Tamaulipas. Recuperado el 28 de junio del 2016 en https://www.wilsoncenter.org/sites/default/files/Guadalupe%20Correa_Tamaulipas.pdf

Durin, Séverine. (2012). Los que la guerra desplazó: familias del noreste de México en el exilio. Desacatos, (38), 29-42. Recuperado en 28 de junio de 2016, de http://www.scielo.org.mx/scielo.php?script=sci_arttext&pid=S1405-92742012000100003&lng=es&tlng=es

Grayson, J.W.; Logan S. (2012). The Executioner's men: los zetas rogue soldiers criminal entrepreneurs, and the shadow state they created, 198-199. Recuperado en 1 de septiembre de 2016, de https://books. google.com.mx/books?id=ZLH4wfrRJM4C&pg=PA198&lpg=PA19 8&dq=samuel+flores+borrego+concorde&source=bl&ots=71c7Jw pL04&sig=9uBAvVN3nsWk-nyTpXRyoHAi88Y&hl=en&sa=X&ei- =5TwjUJf2GsHi2QX4jYDACQ&redir esc=y#v=onepage&q=samuel%20flores%20borrego%20 concorde&f=false

Jiménez, C. (2011) Antropología Forense e identificación humana. Excavación de entierros clandestinos. Recuperado el 1 de julio de 2016 en http://www.inacipe.gob.mx/htm/CIIHDia1/CONGRESO%20 IH%20CARLOS%20JIMENEZ.pdf

Marroquín, E; (1996). Lo religioso en el conflicto de Chiapas. Espiral, Estudios sobre Estado y Sociedad, vol. III No. 7. Recuperado el 1 de septiembre del 2016 en http://148.202.18.157/sitios/publicacionesite/ pperiod/espiral/espiralpdf/Espiral7/143-158.pdf

Mestries, F. (2014). Los desplazados internos forzados: refugiados invisibles en su propia patria. (Spanish). Cotidiano - Revista De La Realidad Mexicana, 28(183), 17-25.

Micolta, A. (2005). Teorías y conceptos asociados al estudio de las migraciones internacionales. Recuperado el 2 de julio de 2016 en http://www.fder.edu.uy/contenido/rrll/contenido/licenciatura/ documentos/008.pdf

Rubio Díaz Leal, L., & Pérez Vázquez, B. (2016, January). Desplazados por violencia: la tragedia invisible. Nexos: Sociedad, Ciencia, Literatura, 38(457), 30+. Retrieved from http://go.galegroup.com/ps/i.do?id = GALE%7CA442906207&v = 2.1&u = pu&it = r&p = AONE&sw = w&asid = faf75db92ba79e2e21615b3f24083cc8

Rubio, L. (2014). Desplazamiento interno inducido por la violencia: una experiencia global, una realidad mexicana. Recuperado en 29 de junio de 2016 de http://www.cmdpdh.org/publicaciones-pdf/libro desplazamiento una realidad mexicana.pdf

EDUCACIÓN, CULTURA E INTERPRETACION DEL MUNDO EN NIÑOS MIGRANTES

Mtra. María Hilda Sámano García

RESUMEN

En base a los postulados teóricos de Bruner y mediante un método documental e hipotético deductivo, y después de revisar las más relevantes y difíciles experiencias de los niños migrantes en diferentes escenarios mundiales, se plantea que la representación del mundo que el niño migrante construye gira en torno a los significados de desafío, conflicto y descubrimiento, Significados que corresponden a las etapas del recorrido migratorio.

INTRODUCCIÓN

Mientras que los sistemas oficiales de educación en los diversos países, despliegan políticas a corto, mediano y largo plazo para garantizar un tipo de educación, cultura y de persona acorde con los requerimientos económicos y sociales de un mundo moderno y globalizado, entre sus corredores y fronteras estalla una educación infantil distinta que aflora en el curso de las experiencias migratorias generando una peculiar interpretación del mundo que nace de producciones y negociaciones de significados cuyos principales suministros educativos son el riesgo, el temor, la violencia y el crimen.

Los menores migrantes hoy en día son uno de los problemas más graves y relevantes en el ámbito internacional por las crecientes y vertiginosas cifras que reportan los procesos migratorios. Según el Instituto Nacional de Migración (INM; 2014) en el boletín no.31/14; cada vez más niños migran a lugares destinos.

En el presente ensayo se explora el fenómeno de la interpretación del mundo a partir de significados obtenidos en la experiencia migratoria, que se produce desde el momento de la expulsión del lugar de origen, pasando por el recorrido y hasta el arribo a un nuevo territorio. Experiencias que se culturizan cuando se van trasmitiendo de una generación de emigrantes a otra.

Mediante un método documental y deductivo, se abordan las experiencias migratorias infantiles y las consecuencias culturales particulares. En este sentido se plantean las dos directrices del presente ensayo: ¿Cuáles son los diversos tipos de experiencias migratorias infantiles más representativas? Y ¿Qué representación tiene del mundo el niño migrante?

DESARROLLO

A. UNA CLASIFICACIÓN PROPIA DE RIESGOS EN NIÑOS MIGRANTES

Los niños migrantes atraviesan por un sinnúmero de experiencias, y si bien es cierto que muchas de ellas son exitosas, desafortunadamente, como la literatura nos lo hace ver, la mayoría son desafortunadas. Enseguida y solo como ejemplos para fundamentar las bases de la interpretación del mundo, se enumeran las más representativas, que se dan en un contexto totalmente acuciante.

1.- Niños Trabajadores

La finalidad de la emigración tanto infantil como adulta en su sentido mas genérico, se debe a la búsqueda de trabajo (1), que generalmente se encuentran en otro país y en la zona rural, en donde se contratan como pequeños trabajadores a cambio de un salario (2) por jornal que les permita cubrir gastos y ocasionalmente enviar dinero a sus familias en el país de origen.

De acuerdo al artículo "El Trabajo Infantil, una exclusión (3) social", se concibe el trabajo infantil como "las actividades (u ocupaciones) que realizan los niños y las niñas menores de 14 años de edad, para terceras personas, empleadoras o clientes en calidad de subordinados, con el objetivo de obtener un ingreso en dinero/especie que les permita cubrir las necesidades vitales de ellos mismos o de sus familias en oposición al goce de sus derechos Brizzio H., A (1986) citado en "Los niños de la calle, una realidad de la ciudad de México. (1992) p. 23.

Por otro lado David Khoudour-Castéras en su artículo "Efectos de la migración sobre el trabajo infantil en Colombia", denomina a los niños trabajadores de esta manera: La migración internacional de jóvenes trabajadores se refiere a los menores de edad que viajan, solos (4) o con sus padres, en busca de un empleo en el exterior. (Kóundour Casterás, 2009).

2.- Niños no acompañados

Aparecen en el escenario internacional cuando los niños emprenden un recorrido desde su región o país de origen hasta el lugar donde se encuentran sus padres que se han adelantado en el viaje. Los niños se enfrentan a los más diversos riesgos durante el trayecto, como accidentes (5), hambre (6), secuestro (7), violencia (8), y otras terribles experiencias. En los últimos años y debido al cambio, por ejemplo, en las leyes de Estados Unidos, que abrió la posibilidad de permitir el ingreso de estos infantes a su territorio, el fenómeno creció significativamente.

En 1997 un artículo de Gabriele Vestri y Nuria González Martín define que por ley o costumbre los tuviera a su cargo". Ya en 1999 el mismo artículo denominado Los menores de Edad Migrantes no acompañados y sus exigencias jurídicas; revisa su propia definición matizando el concepto de "separados (9)". En esta óptica se intenta sustituir el concepto de menor no acompañado, con lo de menor separado motivando el "deseo por ampliar el ámbito de atención no sólo a los menores que se encuentran solos en países europeos, sino también a todos aquellos que no están con sus padres biológicos o tutores legales y viven en los países de acogida acompañados por parientes adultos (hermanos, tíos, primos, etc.), que al Menor Extranjero No Acompañado, como "los niños y adolescentes menores de 18 años que se encuentran fuera de su país de origen y se hallen separados de ambos padres o de la persona han sufrido también procesos previos de separación y que han requerido o requieren atención. (Vestri, 2012).

3.- Niños Explotados

En el artículo "Efectos de la migración sobre el trabajo infantil en Colombia" Según David Khoudour-Castéras dice que: Las poblaciones indígenas son particularmente vulnerables frente al tema de la explotación infantil. Cabe señalar el caso de niños indígenas ecuatorianos que han pasado por redes de tráfico de migrantes, al tener que cruzar clandestinamente la frontera entre Tulcán e Ipiales para entrar a Colombia, y a la vez de trata de personas, por ser víctimas de explotación laboral. En la mayoría de los casos, se los utiliza para mendigar (10) en las calles de las grandes ciudades colombianas o para trabajar como vendedores en los mercados artesanales, en particular en Bogotá y Bucaramanga. Además de la explotación (11) laboral (muchas veces con el consentimiento de la familia, que recibe dinero por el trabajo de los niños), parece que los jóvenes indígenas son víctimas de otro tipo de maltratos, pues viven en condiciones muy precarias y tienen que encargarse de las tareas domésticas del lugar donde viven. (Kóundour Casterás, 2009).

4.- Niños Repatriados

En el artículo publicado "Niños migrantes de retorno en el centro de México: explorando su identidad", dice que los niños retornados tienen el reto de enfrentar muchas dimensiones en la vida, como por ejemplo sus antecedentes culturales y la nueva cultura a la que se van a ajustar, la sociedad, sus experiencias educativas, incluyendo aprendizaje y escuela y sus relaciones sociales. Es importante reconocer que, como menciona Moctezuma (2008), el individuo que está experimentando la migración también es parte de un grupo familiar de migrantes. El autor sugiere que las comunidades migrantes se desarrollarán, consecuentemente, en comunidades filiales. Esto significa que como migrantes, ellos conforman una red social con relaciones sociales entre ellos. Estas asociaciones pueden provocar que los miembros de estas comunidades formen conexiones que empiezan a partir de afinidades, vínculos de relaciones sociales, aceptación de obligaciones, establecimiento de alianzas y amistad, entre otras. (Aviles, 2014).

5.- Niños Combatientes o Soldados

Según el Instituto Español de Estudios Estratégicos y basada en los Principios de Ciudad del Cabo de 1997, un niño soldado (12) es: "toda persona menor de 18, que forma parte de cualquier tipo de fuerza o grupo armado regular o irregular en cualquier función distinta a la de ser únicamente un miembro de familia. Esto incluye a los cocineros (13), cargadores (14), mensajeros (15) y a los que acompañan dichos grupos, además de las niñas reclutadas para propósitos sexuales (16) o para matrimonios forzados. Por tanto, no solo se refiere a un niño que está portando o que ha portado armas" (Palacián de Inza, 2015).

6.- Niños Coyote

En el artículo denominado "La contratación de las redes de contrabando de migrantes en México" López (1997), en el primer estudio sobre el coyotaje (17) en México, distinguió entre redes de contrabando de migrantes simples y pequeñas, y otras más grandes y complejas. (Izcara Palacios, 2013).

Por otro lado al traficante de personas se le conoce en México como pollero o coyote, esto es, contrabandista de personas que las ayudan a cruzar ilegalmente a Estados Unidos. (Nuñez Palacios, 2005).

"El discurso oficial sobre el contrabando de migrantes en la frontera entre México y Estados Unidos sostiene que las redes simples, poco estructuradas y oportunistas, que operaban a pequeña escala, fueron desplazadas por otras más complejas, operadas a gran escala por grupos criminales. Como consecuencia, el coyotaje habría dejado de ser una actividad manejada en el ámbito local, para transformarse en un negocio siniestro operado por criminales". (HCHS 2006, 18).

Aunque el documento de referencia del séptimo foro de Norteamérica descarta la asociación entre las redes de contrabando de migrantes y la delincuencia organizada, al describir a las primeras como víctimas de la extorsión ejercida por esta última (Guerrero 2011, 33 y 35). Lo que sí afirma este documento es que los grupos delictivos obligan a los migrantes a transportar drogas (18); aunque se contradice al señalar que esta forma de narcotráfico no es eficiente ni redituable. Las organizaciones de derechos humanos también sostienen que el coyotaje ha pasado a manos de los criminales. (Izcara Palacios, 2013).

7.- Niños Repatriados

El Colegio de la Frontera Norte del país dice en su publicación denominada "Migración, masculinidad (19) y menores repatriados (20) en la frontera Matamoros-Brownsville" dice que: "Los Centros de Atención a Menores Fronterizos (CAMEF) surgieron en México a mediados de la década de los noventa, como resultado de un convenio entre la UNICEF y el Sistema DIF Nacional. Estos tienen como objetivo: Prevenir y atender las necesidades de los niños, niñas y adolescentes migrantes y repatriados que viajan solos para reintegrarlos a sus familias y a sus lugares de origen (DIF, s/a).

Desde su llegada al albergue (22), los menores son atendidos y evaluados por el personal técnico, como lo expresa la coordinadora: "Una vez que son pasados, que son ingresados por migración y llegan aquí a recepción, son atendidos por alguien del personal que se encuentra en ese momento". Su estancia puede variar, dependiendo del tiempo en que son contactados sus padres u otros familiares, y el que tardan en ir por ellos y regresar a sus lugares de origen cuando éstos son foráneos. (Hernández Hernández, 2012).

8.- Niños Asilados

Según la Comisión Europea 2014 expresa en la publicación "Migración y Asilo" que: La inmigración es un fenómeno con larga tradición en Europa. Para aprovechar las oportunidades y afrontar los retos generados por este tipo de movilidad internacional, la Unión Europea (UE) está desarrollando un enfoque común en materia de inmigración. Asimismo, la UE ha desarrollado un sistema europeo común de asilo (23) para proteger a los que buscan refugio (24) en Europa por persecución o riesgo de daños graves en su país de origen. El trabajo en estos ámbitos políticos también requiere estrechar la cooperación y el diálogo con los países no miembros de la UE.

9.- Niños Machos

En la publicación denominada "Migración, masculinidad y menores repatriados en la frontera Matamoros-Brownsville" dice que: "Específicamente se indaga cómo la experiencia migratoria de los menores está articulada con un aprendizaje y una contemplación al tema de la masculinidad. Para la población infantil migrante el significado de migrar constituyó un ritual (25) de paso que refuerza la interpretación sobre ser y actuar como un hombre". (Hernández Hernández, 2012).

10.- Niños Mutilados (Tráfico De Órganos)

En la publicación "El tráfico de órganos" (26) en Loverboy de Gabriel Trujillo Muñoz y "Los niños de colores" de Eugenio Aguirre expresa que: "al lado del narcotráfico, el segundo campo más preocupante quizás sea el tráfico ilícito de migrantes y los actos violentos desencadenados. Ante la inmensa envergadura de estos crímenes. La trata de personas es uno de los crímenes que se pierden en el mar de noticias sobre los narcos (27) y los migrantes indocumentados. Pero todos estos crímenes tienen algo en común: atienden a la demanda across the border, más allá de la frontera, en Estados Unidos y por consecuencia son síntomas de la globalización, la política neoliberal mexicana y el imperialismo estadounidense, que crean una situación asimétrica en la que la demanda de los ricos en el Norte despierta la codicia de miles de personas en el Sur que explotan a sus víctimas de manera visceral – desafortunadamente – en el sentido literal de la palabra. (Wieser, 2011).

11.- Niños Prostituidos

Se nombra según el Instituto Interamericano del Niño (2004) a la Prostitución Infantil (28) como: "Es la comercialización de niños y adolescentes como mercancía sexual a cambio de una remuneración en dinero o en especie, generalmente con la participación de un intermediario".

La palabra prostitución es bastante discutible entre los especialistas y estudiosos, una vez que la utilización de la misma oculta la naturaleza del comportamiento sexualmente abusivo, desviando el enfoque y dando una idea de consentimiento informado, lo que coloca a los niños, niñas y adolescentes en situación de infractores en lugar de víctimas

12- Niños Contrabandistas

En el artículo "Efectos de la migración sobre el trabajo infantil en Colombia" los traficantes (29) de droga utilizan a los menores de edad, a quienes popularmente se denomina "raspachines", en la recolección y limpieza de las hojas de coca. En muchos casos, familias enteras se trasladan a las zonas de cultivo para conseguir este tipo de trabajo.

También se utiliza a los jóvenes para transportar la droga de un lugar a otro, ya que son menos susceptibles de ser controlados por la policía. Parece que el narcotráfico sirve muchas veces como etapa previa al reclutamiento de niños y niñas para el conflicto armado. Al comienzo, los ponen a trabajar en las plantaciones de coca como raspachines; luego los familiarizan con el manejo de las armas y por último, los niños terminan reclutados en los grupos armados. (Kóundour Casterás, 2009).

13.- Niños Halcón

En el artículo "Violencia Estructural de Estado y adolescentes en México" dice que "Los cárteles del narcotráfico reclutan a niños desde los nueve años de edad [...] En lo que se refiere al narcotráfico, los niños están involucrados en toda la línea de la industria. Los más pequeños trabajan como vigilantes (lo que en la jerga de la mafia se conoce como halconeo (30), los más grandes se ocupan del traslado de la droga y a partir de los 16 años empiezan a ser contratados como sicarios [...] [sin embargo] se puede encontrar a un niño de 12 años que demuestra capacidades violentas y que se convierte en sicario a los 12 años." (Pérez Mendoza, 2006).

14.- Niños Sicario

Según José Luis Cisneros en su artículo denominado "Niños y Jóvenes sicarios (31): una batalla por la cruzada de la pobreza"; define a los niños sicarios como los niños y jóvenes que encuentran en el origen la violencia que destruye y desvanece la confianza y la creencia en la comunidad, en sus instituciones y en el otro. Todo ello como resultado de la falta de cohesión y pertenencia al grupo primario. Por ende, este problema es de violencia tanto cultural como estructural. (Cisneros, 2014).

15.- Niños Vendidos o Esclavos

Hoy como en la más remota antigüedad, la esclavitud (32) es la forma más extrema de marginación y explotación infantil.

Siguiendo el Derecho Romano, el niño era vendido, separado de su familia, sometido a trabajos duros, cuando no al capricho o los malos tratos de su propietario. Además no sirvió precisamente para lujo y ostentación del propietario, como parece fue normal en otras ciudades, sino que se explotó como fuerza de trabajo, constituyéndose en pilar esencial del sistema productivo: labores pesadas de estiba portuaria y obras públicas, trabajos artesanales (espartería, carpintería, alfarería,...) y, fundamentalmente, trabajo agrícola. La infancia robada. Niños esclavos, criados y aprendices en la Almería del antiguo régimen. (Muñoz Buendía, 2000).

B. - LA VINCULACIÓN DE LA CULTURA, MENTE Y EDUCACIÓN DE LOS MENORES MIGRANTES (Bruner, 1997)

El hombre pasa por un proceso de creación de significados, que a su vez forman modelos de la mente, de donde se deriva la cultura que hace posible el entendimiento del mundo y a su vez la educación es una importante encarnación de la forma de vida de una cultura.

Es decir que:

* La interpretación del significado no solo refleja historias de las personas sino también formas de construir la realidad de una cultura,
* La cultura está limitada de dos maneras: el funcionamiento de la mente y la construcción de los sistemas simbólicos accesibles a la naturaleza del lenguaje,
* La realidad que atribuimos a los mundos que habitamos es construida tal como las tradiciones nos lo enseñan.
* El don del lenguaje es la habilidad humana para entender la mente de otros.
* La historia es una versión del pasado.
* La educación siempre tiene consecuencias atraídas de las vidas posteriores. Aporta habilidades, sentir, hablar en sociedad, por lo tanto la educación es política.
* Las culturas se componen de instituciones que especifican de forma más concreta que funciones tiene la gente y que status y respetos se les otorga.
* La autoestima es llamada mezcla de eficacia y autovaloración.
* Una versión del mundo en la que psicológicamente pueden buscar un sitio en sí mismos: un mundo personal. La narración es una forma de pensamiento y un vínculo para la creación del significado.

Así, el niño migrante, junto con su propia historia, recuerdos, símbolos, mente, habilidades, lenguaje, autovaloración, etcétera, va formando su educación y sus propios significados para esa interpretación.

Ahora bien, ¿cuáles son los términos clave, por repetirse una y otra vez en las experiencias expuestas en el apartado anterior, y que sirven de soporte para plantear una hipótesis acerca de la interpretación del mundo? Podemos señalar los siguientes, ya enumeradas en la clasificación y agrupadas por hecho significativo:

1. - Trabajo, salario: Es *desafío, reto, ilusión*.
2. - Exclusión, accidentes, hambre, secuestro, violencia, mendigar, explotación, soldado, cocinero, cargadores, mensajeros, sexualidad, coyotaje, drogas, tráfico de órganos, narcos, prostitución infantil, traficantes, halcones, sicarios, esclavitud: Es conflicto, *riesgo, peligro, trance*.
3. - Soledad, separación, masculinidad, repatriados, albergues, asilo, refugio, ritual: Es *descubrimiento, develamiento, solución*.

En conjunto, de este lenguaje, y a fuerza de énfasis, se puede englobar una hipotética representación general del mundo, centrada en tres símbolos generados por la vivencia migratoria infantil: desafío, conflicto y descubrimiento.

Lo que nos hace ver que el mundo para él es un terreno en movimiento y peligroso en el que tiene que aprender rápidamente para entender y sobrevivir.

CONCLUSIONES

De las quince experiencias enumeradas, que nos dotan de un lenguaje común a ellas, deriva una compleja representación del mundo en el niño migrante, que queda centrada en desafío, conflicto y descubrimiento.

Símbolos que regirán no solo en su existencia, sino también en la de sus familiares cercanos y de sus generaciones posteriores, que recibirán una carga de cultura basada en esos mismos símbolos y rituales.

Adicionalmente y a propósito de la teoría, los postulados de Bruner, en éste y otros trabajos de educación y cultura, son una herramienta teórica valiosa para enlazar, articular y generar los planteamientos en cuestión.

BIBLIOGRAFÍA

Aviles, A. G. (2014). Niños migrantes de retorno en el centro de México: Explorando su Identidad. *Silogismos de Investigación. Sociedad, Cultura e Indentidad*, 11-20.

Brizzio de la Hoz, A. (2002). El trabajo infantil, una exclusión social. 5-21.

Bruner, J. (1997). *La Educación, puerta de la cultura*. Madrid: Machado Grupo de Distribución, S.L.

Cisneros, J. L. (2014). Niños y Jóvenes sicarios: una batalla cruzada por la pobreza. *El cotidiano 186*, 7-18.

Europea, U. (2014). Construir una Europa abierta y segura. *Migración y Asillo*, 3-12.

Hernández Hernández, O. M. (2012). Migración, masculinidad y menores repatriados en la frontera Matamoros, Brounsville. *Trayectorias año 14, num 33-34*, 76-94.

INM(2014). Boletín No. 31/14. Recuperado el 12 de febrero del 2015 de http://inm.gob.mx/index/php/page/Boletín 3114

Izcara Palacios, S. P. (2013). La contratación de las redes de contrabando de migrantes en México. *Estudios Sociales No. 48*, 84-99.

Kóundour Casterás, D. (2009). Efectos de la Migración sobre el trabajo infantil en Colombia. *Economía Internacional Vol.11 No.20*, 229-252.

Muñoz Buendía, A. (2000). La infancia robada. Niños esclavos, criados y aprendices en la Almería del antiguo régimen. *Dialnet*, 65-78.

Nuñez Palacios, S. (2005). Tráfico de migrantes indocumentados en la frontera Mexico-Estados Unidos. *Artículos de Investigación UNAM-AZC*, 623-646.

Palacián de Inza, B. (2015). El Creciente uso de los niños soldado. *Instituto Español de Estudios Estratégicos*, 1-17.

Paris Pombo, M. D. (2010). Procesos de Repatriación. Experiencias de las personas devueltas a México por las autoridades estadounidenses. *Woodrow Wilson*, 10-44.

Pérez Mendoza, A. (2006). Violencia estructural de estado y adolescentes en México. *Revista Iberoamerciana*, 192-201.

Vestri, G. &. (2012). Los Menores de edad migrantes no acompañados y sus exigencias jurídicas. *Pablo de Olavide*, 25-215.

Wieser, D. (2011). El tráfico de órganos de Loverboy. *México Interdisciplinario*, 41-57.

EL PROCESO DE BOLONIA Y SUS IMPLICACIONES EN LA EDUCACIÓN SUPERIOR DE AMÉRICA LATINA Y EL CARIBE: PROSPECTIVA Y DESAFÍOS

Dra. Verónica Yudith Navarro Leal
Dr. René Bugarín Olvera
Dra. Rosa Gabriela Leal Reyes

RESUMEN:

La convergencia y articulación de los sistemas de educación superior de América Latina y el Caribe (ALC) con el sistema Europeo (SE) se plantea en el artículo como un proceso de cooperación que en la actualidad se esta gestando: se señalan algunas de las implicaciones que se tendrían en el sistema educativo latinoamericano, y se hace referencia a los proyectos diseñados para acercar sistemas educativos superiores de dos regiones y crear el Espacio Común. Por ello, se caracteriza la evolución de la educación superior en América Latina, se plantean los aspectos básicos del Proceso de Bolonia por ser el marco donde se concentran todas las miradas del desarrollo de la educación superior en la Unión Europea (UE) y por la tendencia que marca hacia América Latina, se mencionan algunas implicaciones del proceso de Bolonia en la educación superior de ALC, se reseñan los principales programas de convergencia, desarrollados en el marco de cooperación birregional entre la Unión Europea y América Latina. Algunas de las Cumbres que se han realizado entre los Jefes de Estado y Gobierno de ambas regiones y los acuerdos que de ahí surgen, considerando las implicaciones de las convergencias y los acuerdos de las cumbres en las Instituciones de Educación Superior (IES) de ALC, se abordan desafíos que están pendientes de superarse para la mejor cooperación entre la Unión Europea y América Latina y el Caribe en el marco de la creación del Espacio de Enseñanza Superior birregional. Finalmente se realiza una reflexión en torno a la consolidación del Espacio de Educación Superior UEALC-ALCUE. Palabras clave: Educación superior, Proceso de Bolonia, América Latina y el Caribe, Unión Europea.

INTRODUCCIÓN

La dinámica mundial y las fuerzas que impulsan el desarrollo económico de las naciones están generando profundas transformaciones en la educación superior, palabras prácticamente inexistentes en el vocabulario de la educación superior hace 20 años –competitividad, globalización, fuerzas de mercado, clientes, parques tecnológicos, innovación industrial, educación trasnacional, desarrollo regional- son ahora frecuentes en los corredores y planes de desarrollo universitarios así como en las publicaciones y revistas dedicadas a la educación superior (Malo, 2004: 1). La percepción de esta realidad y de lo que ella significa -por ejemplo, que muchos de los mejores estudiantes del mundo prefieran quedarse en sus países de origen o irse a otros no europeos en vez de contribuir con su talento al desarrollo de Europa – lo que llevó a la Unión Europea a desarrollar programas para atraer a esos estudiantes y para retener a los propios; la llevó a buscar crear el más importante espacio de educación superior del mundo (Consejo de Europa, Lisboa, marzo 2000) y a tratar de convertir a la UE en la región más competitiva y dinámica del orbe en cuanto a investigación y desarrollo (Declaración de Bolonia, 19 de junio de 1999. http/www.bologna-berlin2003.de /pdf/bologna_declaración.pdf)

Lo acontecido en Europa en el área de educación superior es punto de partida para el diseño de proyectos educativos en varias regiones del mundo, como es el caso de América Latina y el Caribe, en donde por tener una vinculación estrecha con la unión europea ve en la Declaración de Bolonia un referente para diseñar proyectos de convergencia, a fin de que se logren mantener y mejorar las relaciones entre las dos regiones y por ende el inter- cambio estudiantil y de profesionistas que hasta la fecha se tiene. Sin embargo, es necesario conocer los efectos que el Proceso de Bolonia tendría en América Latina si lo que se planea es adecuarse en su totalidad a este, ya que generaría una gran reforma al sistema universitario en toda América Latina que implicaría modificaciones en la estructura, ciclos, titulaciones, sistemas de evaluación y otros aspectos, que en la región de ALC, por su contexto actual, no se encuentran en las mejores circunstancias para afrontar este proceso como se plantea en Europa, ante esta situación se han establecido una serie de proyectos de convergencia con la finalidad de acercar a ambas regiones. Esta cercanía ha llevado incluso, a que jefes de Gobierno y Estado de la Unión Europea y de América Latina y el Caribe hayan declarado su intención de trabajar para construir, en analogía con el proceso europeo, el Espacio Común de Educación Superior UEALC (Malo, 2004: 2).

En este proceso de creación del Espacio Común de Educación Superior entre la UE y ALC se presenta una serie de desafíos que deben concretarse para permitir estar en sintonía con lo acontecido en Europa, de lo contrario seremos representantes de la educación europea del pasado, mientras se hace más distante la concreción del espacio de educación superior birregional.

EVOLUCIÓN DE LA EDUCACIÓN SUPERIOR EN AMÉRICA LATINA

La educación superior en diversas regiones del mundo ha experimentado un enorme crecimiento en lo que respecta a su matrícula, ese mismo proceso de masificación, como de diversificación se registra en América Latina en el último cuarto del siglo XX. Actualmente, este nivel educativo cuenta ya con más de 12 millones de alumnos matriculados, la mitad de ellos en México, Brasil y Argentina, pese a que la tasa de asistencia a la educación terciaria en esos tres países representa tan sólo 20% de los jóvenes con edades correspondientes a ese nivel educativo (Malo, 2005: 3). La expansión se ha manifestado en el incremento de instituciones de educación terciario, pero de orden privado, de 75 instituciones que había en 1950 a 330 en 1975; 450 en 1985 y se incrementó para 1995 en 812, de ellas, 319 eran instituciones públicas y 493 privadas. El número de instituciones no universitarias era de 4.626 en 1995 de las que 2.196 eran públicas y 2.430 privadas. Esta situación es claramente diferente a la que había ocurrido hasta la década de los ochenta, cuando hasta ese momento, la educación superior había sido predominantemente estatal y los niveles de calidad se mantuvieron relativamente homogéneos (Fernández, 2007: 129).

En esa época para obtener el titulo universitario se requería de 6 a 7 años de estudios, los europeos las denominaban carreras de tipo túnel, por ser de muy larga duración, lo que retardaba que el alumno se incorporara al mundo laboral.

En la década de los 90 se introdujeron en el marco de los procesos de globalización, estrategias de carácter neoliberal que tendieron a reemplazar las políticas de bienestar impulsadas por el Estado por otras en que predominaban las concepciones de mercado y de privatización de los servicios públicos, entre ellos la educación. Las crisis nacionales en materia económica llevaron a una fuerte restricción del financiamiento público para los sectores sociales, en general, y para la educación y la universidad, en particular (Fernández, 2007: 129), aún con este contexto situado en los noventas, la población incrementó su demanda para incursionar en la educación terciaria, por los sucesos que acontecían en el mundo, producto de la globalización, era la educación superior la que permitía al estudiante participar en el concierto mundial del conocimiento.

Fernández (2007: 129) afirma que el número de estudiantes de la educación superior se multiplicó por más de treinta veces entre 1950 y 2000. Registrando la siguiente evolución:

Tabla 1:

**Número de estudiantes de la Educación
Superior en América Latina**

Año	Estudiantes
1950	267.000
1970	1.640.000
1980	4.930.000
1990	7.350.000
2000	11.500.000
2005	15.293.181

(Fuente: Fdz., 2007)

La tasa bruta de escolarización terciaria se multiplicó prácticamente por diez en la segunda mitad del siglo XX. En 1950 fue de 2%, en 1970 de 6,3%, en 1980 del 13,8%, en 1990 de 17,1%, en el 2000 de 19,0% y en el 2003 de 28.7%. A pesar de este importante crecimiento está muy por debajo de la de los países desarrollados que fue de 51,6% en 1997. Sin embargo, el incremento en la matrícula de educación terciaria en

América Latina y de instituciones de orden privado generó una fuerte diversificación de la educación superior, con una simultánea privatización en materia institucional y con una gran heterogeneidad de los niveles de calidad. Así se crea en muchos países de América Latina una gran cantidad de instituciones universitarias privadas que son denominadas «universidades garajes», por sus dimensiones, por su baja calidad y por el tipo de infraestructura física disponible, el propio Instituto Internacional para la Educación Superior en América Latina y el Caribe (IESALC) de la UNESCO no ha podido disponer hasta ahora de información regional precisa sobre el número de instituciones de este nivel existentes (Fernández, 2007: 130).

Ante el incremento acelerado de instituciones de corte superior y las notorias desigualdades en los diferentes aspectos educativos entre universidades de América Latina y el Caribe, en la década de los 90´s se pone énfasis en los sistemas de evaluación con la finalidad de asegurar la calidad, sin embargo, son pocos los países que obtienen resultados alentadores, por lo que surgen proyectos de convergencia regionales y alianzas de corte internacional, con el firme propósito de lograr una integración entre los sistemas educativos universitarios y superar las deficiencias e incursionar en el mundo de la globalización, que en un principio podemos concebir como un mecanismo que ensancha, intensifica y acelera la interconexión mundial en todos los aspectos de la vida social contemporánea (Callinicos, 2002), por lo que la educación Superior no es la excepción a este proceso de homologación.

Como menciona Fernández (2007: 128), frente a la actual situación de caos y fragmentación que se registra en el Sistema de Educación Superior (SES) en América Latina y el Caribe y ante los importantes avances del Espacio Europeo, encarado por el conjunto de la educación superior de ese continente, resulta importante atender al desafío de consolidación del Espacio Latinoamericano de Educación Superior y su convergencia con el Europeo, por lo que es necesario considerar los rasgos básicos del proceso de Bolonia, proyecto de integración regional Europeo donde actualmente se concentran las miradas de regiones enteras como el caso de Latinoamérica, y es una tendencia significativa en la consolidación del Espacio de Educación Superior ALCUE.

EL PROCESO DE BOLONIA, BASE EN LA CONSTRUCCIÓN DE UN ESPACIO EUROPEO DE EDUCACIÓN SUPERIOR

El 5 de mayo de 1998 con motivo del 700 aniversario de la Universidad de la Sorbona, los ministros de educación de Alemania, Gran Bretaña,

Francia e Italia, redactaron un documento conjunto en el que solicitaban a los demás países de la Unión Europea un esfuerzo para la creación de un espacio dedicado a la educación superior, por lo que se previó y llevó a cabo una reunión de seguimiento en la que estuvieron presentes los ministros de educación europeos, quienes firmaron el 19 de junio de 1999 una Declaración conjunta llamada -Área de Educación Superior Europea- pero se hizo más conocida como *Declaración de Bolonia* suscrita por 29 estados europeos, los de la Unión Europea, los del Espacio Europeo de Libre Comercio y los candidatos a la adhesión de Europa Central y del Este, la cual abogo por la creación, para el año 2010, de un Espacio Europeo de Enseñanza Superior (EEES) coherente, compatible y competitivo, que sea atractivo para los estudiantes y académicos de la región, así como para los de otros continentes, el cual se realizaría en fases bienales, cada una de las cuales terminan mediante la correspondiente Conferencia Ministerial que revisa lo conseguido y establece directrices para el futuro.

Con el apoyo financiero de la Comisión Europea, la Confederación de las Conferencias de Rectores de la Unión Europea y la Asociación Europea de Universidades (CRUE) se preparó un reporte sobre *Tendencias en las Estructuras de Aprendizaje en la Educación Superior*, conocido como «Trends I» (junio de 1999). Este trabajo, desarrollado por Guy Haug y Jette Kirstein, presenta información y análisis acerca de las estructuras de educación superior de los Estados miembros de la Unión Europea así como de sus socios del Espacio Económico Europeo. Ello ayudó al Comité de Dirección a redactar un borrador de la declaración que se discutiría en Bolonia con un esquema de las divergencias y convergencias en las estructuras de aprendizaje. Al finalizar el Foro de Bolonia se adoptó una declaración conjunta, donde se enuncia que «la Europa del Conocimiento ahora ampliamente reconocida como un factor irremplazable para el desarrollo social y humano es un componente indispensable para consolidar y enriquecer la ciudadanía europea» (Toloza, 2006).

El Proceso de Bolonia sienta las bases para la construcción de un Espacio Europeo de Educación Superior, el cual estuvo organizado conforme a ciertos principios:

La primera Conferencia Ministerial de seguimiento del Proceso de Bolonia se realizó en mayo del año 2001 en Praga, los siguientes comunicados se verificaron en Berlín 2003, Bergen 2005, Londres 2007, Leuven/Louvain-la-Neuve 2009, y en el 2010 con la Declaración de Budapest-Viena, se estableció que durante los siguientes diez años (al 2020) los principales objetivos girarían en torno a la consolidación del Espacio Europeo de Educación Superior (EEES). La última Conferencia

Ministerial se celebró en Ereván (Armenia) en 2015, la siguiente se estará desarrollando en Francia en 2018.

(200López Segrera (2007: 32) señala en el libro Transformación Mundial de la Educación Superior los siguientes objetivos instrumentales o líneas de acción del Proceso de Bolonia:

➢ Adopción de un sistema fácilmente legible que haga posible el reconocimiento mutuo de las titulaciones, mediante la implantación, entre otras cuestiones, de un suplemento al Diploma.
➢ Adopción de una estructura educativa de ciclos.
➢ Adopción de un sistema de acumulación y transferencia de créditos que favorezca la movilidad, como el European Credit Transfer System (créditos ECTS)
➢ Promoción de la cooperación europea en materia de garantía de la calidad y desarrollo de criterios y metodologías comparables.
➢ Promoción de la movilidad y eliminación de obstáculos para el ejercicio libre de la misma por los estudiantes, profesores y personal administrativo de las universidades y otras instituciones de educación superior europeas.
➢ Fomento de la dimensión Europea en la enseñanza superior con particular énfasis en el desarrollo curricular como condición necesaria para el logro de los objetivos del EEES. (Declaración de Bolonia, 1999)

Con el reconocimiento simultáneo y mutuo de las titulaciones, se pretende que los sistemas universitarios sean más compatibles y por ende, más comparables, sin que se pretenda una homologación total de las titulaciones, ni tampoco a que limite su número (Cañas, 2005). La descripción de cada titulación, con contenidos temáticos uniformes en toda la Unión Europea, que permita que las di- versas titulaciones de los países del espacio en educación superior europeo sean fácilmente comprensibles y compatibles entre si, a esta descripción se le llama Suplemento Europeo al Titulo (Diploma Suplemment, DS), es un modelo de información unificado, personalizado para el título universitario, sobre los estudios cursados y, las competencias y capacidades profesionales adquiridas, la du- ración, y estructura de los estudios, y las características e indicadores de calidad y la Universidad que expide el titulo. Se podría describir como una especie de conversor de las modalidades académicas de cada país en un documento aceptado por todos los países miembros de la Unión Europea.

En lo que se refiere a la estructura de las futuras carreras universitarias, el Ministerio de Educación y Ciencia ha comenzado a presentar las primeras propuestas de titulaciones adaptadas al EEES. (http://www.educawed.com/ edw/seccion.asp)

Tabla 2: Estructura de Carreras Universitarias
(Elaboración propia)

Formación Básica	Formación Práctica
Duración 3 años 180 créditosDos tercios de los contenidos serán diseñados por el Gobierno y un tercio por cada universidad.Título académico: Diploma no oficial.	1 Año60 créditosProyecto de fin de carrera, prácticas tuteladas, estancias clínicas.Título: Grado (actual licenciado).
Posgrado	
1 año60 créditos Profesional, académico ó investigador.Título académico: Máster (de orientación profesional o académica).	Para obtener el titulo de Máster son necesarios 300 créditos Si el alumno no ha realizado la formación práctica, el posgrado durará dos años.
Doctorado	
Duración aproximada 3 años. No se mide en créditos	Formación investigadora.Título académico: Doctor

El sistema ECTS establece las condiciones para que se logre el acercamiento entre las universidades y amplia las opciones que se dan a los estudiantes. Ayala y Robledo, (2002) señalan que el sistema europeo de créditos transferibles se constituye por tres elementos básicos:

- Información sobre los programas de estudio y los resultados de los estudiantes (catálogo informativo).
- Acuerdo entre los centros de estudio y los estudiantes (contrato de estudio).
- Trasferencia de los créditos que representan el cúmulo de trabajo efectivo del estudiante (Certificación Académica).

El sistema ECTS describe de un modo uniforme en toda Europa la carga de trabajo de cada estudiante, mediante este sistema, se presenta atención prioritaria al desarrollo de destrezas, capacidades y habilidades de los titulados, además de los contenidos específicos de las materias estudiadas (Cepeda, 2006: 376).

Los firmantes de Bolonia se han impuesto evaluaciones permanentes para asegurar la calidad en la actividad universitaria, que será evaluada y acreditada periódicamente, las agencias nacionales encargadas de la evaluación de la calidad se agrupan en una red europea con una metodología común que establece un marco de acreditación para los países integrantes del proceso.

IMPLICACIONES DEL PROCESO DE BOLONIA EN LAS INSTITUCIONES DE EDUCACIÓN SUPERIOR DE AMÉRICA LATINA Y EL CARIBE

Atendiendo los principios de organización y las líneas de acción dictadas en la Declaración del Procesos de Bolonia, es importante considerar que si lo que se pretende es mantener o incrementar las relaciones históricas en el ámbito educativo entre la Unión Europea (UE) y América Latina y el Caribe (ALCUE), resulta relevante exponer las implicaciones que se tendrían al pretender implementar los objetivos de Bolonia en las Instituciones de Educación Superior de América Latina y el Caribe. Cepeda (2006: 377) señala que para mantener las relaciones en el ámbito educativo con Europa es imprescindible realizar cambios en el sistema educativo en áreas como la titulación, duración de las carreras, la estructura de ciclos, contenidos temáticos y el sistema de créditos.

En América Latina existe una gran diversidad de titulaciones, cuando el estudiante pretende hacer válido su título para efectos de obtener un empleo o para continuar sus estudios profesionales en otro país de la región y no están en convergencia con la institución que lo expide, éste no es aceptado, lo que frena en primera instancia la movilidad del profesional, resultando esta situación un obstáculo importante para establecer la cooperación con las universidades de Europa, la reestructuración o proceso de cambio y ajuste que se vive en Europa reducirá el número de carreras y la duración de las mismas, lo que implicaría que en ALC las titulaciones sean más acordes a lo que acontece en Europa de tal manera que se logre la homologación de estudios y por ende se permita la movilidad entre los países de cada región y por ende entre ALC y la UE, con lo que se estaría atendiendo los principios establecidos de Bolonia en su relación con AL.

Con referencia a la duración de las carreras en Europa se precisan de diferente manera los tres ciclos, por lo que implicaría que en América Latina las carreras se adecuaran al tiempo de duración que se presenta en la estructura universitaria europea, aunado a la necesidad que existe de recortar el tiempo de estudio para que los estudiantes que culminen puedan acceder al mercado de trabajo con los conocimientos y competencias requeridas en ese momento y evitar que queden rezagados en virtud de la gran velocidad con que se genera actualmente el conocimiento. López Segrera (2007: 26) señala que para el año 2020 el conocimiento se duplicará cada 73 días. En las universidades latinoamericanas es preciso valorar las carreras tipo túnel (más de 6 años) en las que cuando el profesionista egresa, su formación esta desfasada con respecto a las necesidades del mercado, aunado a que para estar en sintonía con lo que acontece en Europa es necesario continuar adecuaciones semejantes a las líneas de acción establecidas en la Declaración de Bolonia.

El sistema de créditos ECTS o estructura de las carreras universitarias en Europa cuenta con agencias nacionales responsables de la evaluación, coordinadas con una red central para asegurar la calidad en el desarrollo de las competencias del estudiante. Si América Latina y el Caribe pretenden quedar dentro del espacio de movilidad estudiantil tienen que ofrecer un sistema evaluativo comparable con los estándares del sistema ETCS. Esto obliga a una profunda restructuración de todo el sistema de enseñanza, ya que el ETCS toma en cuenta la totalidad de las actividades del estudiante para otorgarle créditos, que son las competencias o capacidades que pueden desarrollar los poseedores de un título. Esto sugiere una transformación radical del sistema educativo que responde al cambio al que estamos asistiendo en las últimas décadas hacia una sociedad del conocimiento entendida también como una sociedad del aprendizaje. Se tendría que contar en cada nación de América Latina y el Caribe, con un sistema de evaluación y, que dependan de una red latinoamericana para asegurar su coordinación, con el propósito de estar en sintonía con los estándares del sistema de evaluación europeo.

En lo que respecta al área del doctorado, únicamente se conoce que la universidad podrá concretar acuerdos de colaboración con otras instituciones u organismos públicos o privados, así como con empresas, lo que permitirá que parte de la inversión destinada a posgrados sea de tipo privado y por lo tanto se de el control de la iniciativa privada con respecto a que tipo de investigadores son rentables económicamente y corriéndose el riesgo de limitar el financiamiento a las investigaciones socialmente relevantes, pero consideradas por la industria empresarial como no "rentables económicamente", lo que implica un desafío a considera en la búsqueda de la consolidación del EEES para el 2020.

Ahora bien tomando como referencia el proyecto del proceso de Bolonia y con la intención de contribuir al acercamiento de los sistemas educacionales Superiores, en los últimos años se han concretado varios proyectos con la firme intención de formar un Espacio de Educación Superior entre América Latina y Europa. Para tal efecto resulta importante conocer las características básicas de los proyectos de convergencia y sus implicaciones en las IES de ALC.

POLÍTICAS Y PROYECTOS DE CONVERGENCIA DEL ESPACIO COMÚN EN EDUCACIÓN SUPERIOR ALCUE

Dentro de los procesos de cambio que se registra en distintas partes del mundo, los que están ocurriendo en la educación superior europea, son sin duda los más observados, documentados y analizados. Ésto no sólo obedece a la importancia económica y política de esa región, sino al hecho de que es la región de mayor tradición universitaria.

Salvador Malo (2004: 2) señala que la región europea está embarcada en un proceso para transformar a la educación universitaria, por la manera de acercar sistemas muy diferentes entre sí, de comparar y equiparar créditos, títulos y grados diversos, de armonizar objetivos y procesos educativos y de evaluación y acreditación de lo ofrecido y alcanzado, de ajustar tiempos, leyes y reglamentos, se vuelve asimismo, razón de estudio y análisis. Como lo es también, el que se esté dando sin grandes polarizaciones, acusaciones o reclamos serios, y sin sacrificar la calidad, diversidad y creatividad de cada uno de los sistemas e instituciones educativos.

Las condiciones de cambio en la educación superior de América Latina y el Caribe son claramente distintas. Sin duda la educación superior de la región ha experimentado procesos de cambio, de expansión y diversificación; se han dado asimismo múltiples programas y acciones educativas de índole nacional; se han puesto en marcha proyectos de carácter supranacional. Sin embargo, la mayor parte de estos descansan en el interés nacional no regional y menos aún continental.

En ALC, la globalización europea es vista como una fuerza algo menos atemorizante que la de Estados Unidos, más comprensible y humanitaria que la de los asiáticos, y más acorde a nuestra idiosincrasia y costumbres que la de los australianos. Se le considera, en suma, con menos recelo que la de las de otras regiones (Malo, 2005: 3).

Esta herencia común y estos lazos que nos unen, así como las relaciones entre ambas regiones, fue lo que llevo a los jefes de Estado y de Gobierno de la Unión Europea y de América Latina y el Caribe a declarar su interés en trabajar conjuntamente para crear el espacio común de enseñanza superior. El origen de este proyecto se remonta a la Cumbre birregional del Río de Janeiro (junio, 1999) donde se expresa la voluntad política de intensificar las relaciones transcontinentales, y donde se definió la educación superior como un bien público, esencial para el desarrollo humano, social y tecnológico y se afirmó que la enseñanza superior era una prioridad de actuación (Ermólieva, 2007: 2). A partir de la primera cumbre se intensifican los trabajos para hacer realidad un espacio de enseñanza superior entre la Unión Europea y América Latina, por lo que en el año 2000 los ministros de educación de ambas regiones reunidos en Paris en el marco de la Conferencia Ministerial de los países UEALC sobre enseñanza superior, manifestaran como necesaria una cooperación mas directa para favorecer la emergencia de un Espacio Común de Enseñanza Superior, reafirmando el compromiso con la Declaración de París que contiene una serie de prioridades:

- Impulsar la movilidad de estudiantes, profesores, investigadores y personal administrativo.
- Desarrollar mecanismos que permitan el reconocimiento y la convalidación de periodos de estudio.
- Intercambiar experiencias de éxito referentes a la dirección, gestión y evaluación de los sistemas de enseñanza superior.
- Favorecer la articulación entre formación y empleo.
- Crear centros de estudios europeos en América Latina y el Caribe y desarrollar centros de estudio de América Latina y el Caribe en los países de la Unión Europea.

Con la finalidad de poner en práctica las prioridades señaladas, se crea un comité de seguimiento integrado por Francia y España en representación de los miembros de la Unión Europea, México y Brasil por los integrantes de América Latina y el Caribe, y San Cristóbal y Nieves por el Caribe; elaboran un Plan de Acción 2002- 2004, refrendado en la segunda cumbre de jefes de Estado y de Gobierno UEALC que se efectuó en mayo de 2002 en Madrid, el plan establece los dos objetivos principales de cooperación en materia de enseñanza superior. (http:/www. aneca.es/ prensa/notas/docs/241104)

1. Fomentar la movilidad de manera intra e interregional, y mejorar las condiciones en las que ésta se desarrolla en la actualidad.
2. Promover el conocimiento científico recíproco de los sistemas de evaluación nacionales existentes, con el objetivo de intercambiar experiencias de éxito en ese ámbito, que sirvan para perfeccionar los procesos de evaluación de la calidad de la enseñanza superior de manera intra e interregional.

De la Tercera Cumbre de Jefes de Estado y de Gobierno de ALCUE celebrada en Guadalajara, México, en mayo de 2004, emanaron dos documentos:

1. Declaración de Guadalajara: Destaca en lo referente a la educación superior, el acuerdo de extender hasta 2008 el Plan de Acción para construir un Espacio Común de Educación Superior entre América Latina y el Caribe y la Unión Europea, con los objetivos supremos de contribuir al mejoramiento de la calidad de la educación superior, y de continuar el proyecto relaciona- do con la movilidad.
2. Informe sobre la Cooperación ALCUE: Da cuenta de los principales resultados alcanzados entre las cumbres de Madrid y Guadalajara en materia de cooperación. En este sentido se destacan los logros en campos como la educación, ciencia, tecnología, cohesión social, entre otros. (UREL-Simposio Internacional sobre Integración Universitaria, Europa/ América Latina y el Caribe, 2007).

Para la segunda reunión de ministros de educación de América Latina y el Caribe y la Unión Europea, realizada en Ciudad de México 2005, se ratifica el compromiso de los Jefes de Estado y de Gobierno en atención a promover la creación del Espacio Común de Educación Superior, ALCUE-UEALC, en un horizonte de diez años, al 2015. Durante esta reunión se ha presentado el proyecto Tunning- América Latina.

Durante la cuarta Cumbre UE-ALC, organizada en Viena 2006, se reiteró el compromiso de seguir promoviendo y reforzando la asociación estratégica birregional, concediendo prioridad a la creación del Espacio Común en materia de Educación Superior ALC-UE, con la orientación que se ha dado durante el tiempo de construcción de la relación birregional en lo referente a educación superior. (http:/europa.eu.int/)

La tercera reunión de ministros de educación del ALC-UE, se celebró en Madrid 2007, y se evaluaron los avances y se reafirmó lo establecido en la Cumbre de Viena, por lo que hasta la fecha se construye un proyecto de Cooperación entre la Unión Europea y América latina, que se desarrolla en función de las relaciones de tipo histórico educativas y, de globalización.

En Bruselas, Bélgica, se asistió a la reunión ministerial de la Cumbre de la Unión Europea con la Comunidad de los Estados Latinoamericanos y Caribeños CELAC, durante la cual se firmó el Acuerdo Constitutivo de la Fundación Unión Europea-América Latina y el Caribe y se aprobó un Plan de Acción 2015-2017.

Con ello se regirá la cooperación entre la Comunidad de los Estados Latinoamericanos y Caribeños y la Unión Europea en temas como ciencia y tecnología, educación y empleo, cambio climático, género, problema mundial de las drogas, seguridad ciudadana y migración.

Proyectos de Convergencia

El proceso de Bolonia se percibe en América Latina y el Caribe como una tendencia y no como un modelo acabado (López Segrera, 2007: 32) ante el panorama que presenta la educación superior en la región de ALC, y toman- do en cuenta la influencia educativa que ha tenido a lo largo de la historia Europa en América Latina y el Caribe, y lo que la globalización a impactado en los sistemas educativos, se han concretado varios proyectos con la finalidad de consolidar un Espacio de Educación Superior entre ambas regiones, entre los proyectos más importantes están los siguientes:

ALFA-ACRO

Programa de cooperación académica, coordinado por la Universidad de Valencia a través de José-Gines Mora e integrado por universidades de España, Holanda, Italia, Portugal, Brasil y Uruguay. Ha producido una importan- te documentación sobre los procesos de evaluación y acreditación en la educación superior en Europa y en América Latina y en cada uno de los países integrantes (http:// www.uv.es/alfa-acro). Este proyecto crea un sistema de acreditación nacional con validación internacional, (reconocimiento mutuo de agencias y de las decisiones que éstas tomarán), además que los procedimientos serían comunes, lo que permitiría la movilidad del estudiante en ambas regiones, tuvo como actividad de cierre la realización del Congreso Internacional «América Latina y Europa, ante los procesos de convergencia de la Educación Superior», llevado a cabo en la Universidad Nacional de Tres de Febrero-Coordinadora para América Latina del Proyecto ACRO-, Buenos Aires, Argentina, en el mes de junio de 2004. En dichos Congresos participaron más de 400 especialistas latinoamericanos, en especial de Argentina y de otros países del MERCOSUR- de Europa.

Ciertamente este proyecto de convergencia constituye un aporte decisivo para determinar que lo acontecido en Europa, específicamente en referencia al proceso de Bolonia esta teniendo efectos en instituciones de educación superior de ALC, por lo que a partir de esta experiencia se desarrollaron marcos conceptuales para la acreditación y el reconocimiento de títulos entre las universidades participantes del MERCOSUR y las de la Unión Europea, lo que demuestra que existe un interés por participar con Europa en la convergencia de los sistemas de educación superior. Sus conclusiones constituyen un aporte decisivo para la consolidación del Espacio Latinoamericano de Educación Superior y su convergencia con el europeo (Fernández, 2007: 150).

UEALC 6 por 4

El Proyecto coordinado por COLOMBUS Y CENEVAL, donde participan universidades latinoamericanas, el propósito es analizar seis profesiones en cuatro ejes, para proponer vías y mecanismos que propicien una mayor compatibilidad y convergencia de los sistemas de educación superior en América Latina y el Caribe con los de la Unión Europea, dentro de los objetivos fundamentales, está la de promover la formación de un Espacio Común de educación superior con base en redes interactivas, una perspectiva común para la cooperación y el intercambio en seis profesiones específicas. Las carreras tomadas como punto de inicio de este proyecto son: Administración, Medicina, Ingeniería Electrónica o similar, Química, Historia y Matemáticas. Y Los ejes son: Competencias profesionales, Créditos académicos, Evaluación y acreditación y Formación para la investigación y la innovación. (Haug, 2004).

Alfa Tunning América Latina

Proyecto generado durante la segunda reunión de Ministros de Educación de América Latina y el Caribe y la Unión Europea, realizada en la Ciudad de México en el 2005, esta integrado por 62 universidades de 18 países de América Latina y 135 universidades europeas de 25 países, existiendo un Centro de Monitoreo, que se encarga de presentar los avances del proyecto y difundir los resultados alcanzados hasta el momento. (http://www.aneca,es/ prensa/notas/nocs/241104). Hay que destacar que este proyecto se creó como respuesta del proceso de Bolonia, es una traspolación de Europa a América Latina, puesto que en la Unión Europea se desarrolló como proyecto Tunning Europeo. La implementación de ese proyecto adaptado en América Latina tiene como finalidad afinar estructuras educativas, contribuir como modelo de acercamiento de sistemas educativos superiores entre las dos regiones, para el desarrollo de la calidad, la transparencia y el reconocimiento (Proyecto Tunning 2003), además de ser un medio para favorecer la colaboración entre universidades de ambas regiones.

A partir de la experiencia y resultados de estos proyectos de convergencia y de las Cumbres de Jefes de Esta- do y de Gobierno de las dos regiones de análisis, en con- secuencia existe una relación directa entre lo que estable- ce el proceso de Bolonia y lo que a través de estas convergencias se pretende lograr birregionalmente en el ámbito de la educación superior, existiendo objetivos que para la UE y ALC son comunes:

- Movilidad, Reconocimiento o Convalidación de periodos de estudio, Evaluación de sistemas de enseñanza (calidad), articulación entre formación y empleo.

Ciertamente que con las Cumbres y los proyectos de convergencia se esta dando un paso firme en busca de la creación del espacio de educación superior UE-ALC, pero resulta importante considerar algunas cuestiones que este pro- ceso de homologación implica.

Por ejemplo, pensar tan sólo en la movilidad del estudiante, sin contemplar las condiciones en que se da, refiérase a las competencias desarrolladas, implica primeramente una homologación en la estructura de las carreras universitarias de toda la región de ALC, cuando ni siquiera entre las universidades de un mismo país se puede lograr esa movilidad, salvo sus excepciones, como es el caso de algunas instituciones pertenecientes al MERCOSUR, no basta con la intención política sino es fundamental la concreción de la misma.

PROSPECTIVA Y DESAFÍOS DE LA EDUCACIÓN SUPERIOR EN AMÉRICA LATINA EN EL CONTEXTO DEL ESPACIO EDUCATIVO EUROPEO Y LA COOPERACIÓN LATINOAMERICANA

En los círculos académicos y políticos se cruzan puntos de vista sobre las prospectivas de las relaciones entre América Latina y el Caribe y la Unión Europea, por un lado, están quienes consideran que la preocupación de la Unión Europea por América Latina está disminuyendo, debido, entre otros factores, a la adhesión de nuevos miembros sin mucho interés por la región latinoamericana, a la política de vecindad que lleva a centrar la atención de la Unión Europea en los países más próximos geográficamente, a la percepción, en algunos círculos de que Latinoamérica ha fracasado, defraudando las expectativas europeas de reformas sociales, de «buen gobierno» y profundización de la integración regional. En el otro lado, se encuentran aquéllos que argumentan que estos hechos no deben ensombrecer avances importantes como los son dos acuerdos de asociación firmados con México y Chile; también se valora que se han logrado detener, por el momento, tendencias negativas, como la reducción de los recursos en la cooperación para la creación del Espacio de Educación Superior entre las dos regiones (Ermólieva, 2007: 4).

La tendencia observada durante las Cumbres de los Jefes de Estado y de Gobierno de ALCUE, fue la falta de mecanismos de financiamiento, por tal motivo, fue difícil concretar acciones específicas y más aún darles cumplimiento, por lo que se visualiza un esfuerzo reducido por parte de ambas regiones para lograr los objetivos planteados en los planes de acción. Es el aspecto de los recursos financieros, el obstáculo que más mención tiene entre los académicos y políticos, que hace más lenta la consolidación del proyecto y postulado por los Jefes de Estado y de Gobierno de América Latina y el Caribe y de la Unión Europea.

Tomando en cuenta la información establecida en este documento y las implicaciones que emanan de la vinculación que actualmente se denota entre la UE y ALC, es conveniente destacar que existen una serie de desafíos pendientes para lograr mejorar la cooperación entre las dos regiones:

- Concreción de una estrategia única de largo plazo y la formulación de proyectos en común entre los organismos multilaterales de cooperación y las redes interuniversitarias existentes. Esto será posible si se superan los criterios tradicionales de trabajo aislado y se piensan estrategias, programas y proyectos conjuntos.
- Convenir y aplicar de manera efectiva el principio de corresponsabilidad en la coparticipación financiera.
- Establecer sobre todo por parte de América Latina, un conjunto de criterios y procedimientos que lleven a la creación y consolidación de mecanismos de seguimiento y evaluación de programas, así como de proyectos de cooperación educativa.
- Formulación de criterios de financiamiento de nuevos proyectos y la búsqueda de fuentes adicionales de re- cursos, así como la persistencia en la exigencia de trabajo conjunto.
- Crear un mecanismo regional de interlocución, que permita a América Latina una permanente comunicación con la Comisión Europea con un triple propósito:

  a) Lograr hacer de la cooperación un instrumento que supere visiones unilaterales y la conduzca por el camino de la asociación estratégica funcional.
  b) Mantener el interés permanente de la UE en ALC.
  c) Lograr el ascenso de América Latina en la pirámide de prioridades e intereses de la Unión Europea.

REFLEXIÓN FINAL

El reto sigue siendo valorar con objetividad la relevancia y pertenencia de mantener la atención de Europa hacia América Latina y continuar conjuntando esfuerzos tanto regionales como en el interior de cada nación. En primera instancia una tarea que resulta importante es la de concretar un Espacio de Educación Superior Latinoamericano (EESL) con estándares de calidad altos, y a partir de esté escenario valorar la viabilidad de vincular el EESL con el europeo y aumentar en términos de calidad, la movilidad, reconocimiento o convalidación de periodos de estudio, así como la articulación entre formación y empleo.

No se trata de realizar una copia de lo acontecido en Europa sino de beneficiarse de la experiencia europea para provocar los cambios que se consideren pertinentes, a la luz de nuestras circunstancias.

Es necesario iniciar con reformas educativas que permitan homologar las estructuras de las diferentes carreras, el sistema de evaluación que las acredita, en fin que los profesionales puedan ejercer el proceso de movilidad y todas sus implicaciones en el rubro de la calidad, primeramente entre las universidades de su país de origen, posteriormente diseñar estrategias que permitan la compatibilidad, movilidad, calidad, en toda la región latinoamericana, para después contribuir al acercamiento regional y entonces ahora si hablar de un proyecto transcontinental de tal magnitud como el de la UE y ALC.

Las universidades de los países desarrollados y sus sistemas de educación superior están en situación ventajosa, por sus recursos financieros, por estar en el estado del arte en los temas de investigación y por su fácil acceso a las redes de información. Sin embargo las IES de ALC pueden apoyarse mutuamente, mediante diversas formas de cooperación sin subordinación.

Ahora bien, políticamente, se requiere normar el sistema educativo Latinoamericano para que exista primeramente compatibilidad en la educación superior regional y a partir de ello valorar la conveniencia de realizar este tipo de vinculaciones.

Y geográficamente, valorar la pertinencia de centrarnos en crear un espacio de educación superior entre ALC, Canadá y Estados Unidos de América considerando las relaciones de tipo económico existentes entre estas regiones.

Y desde una crítica radical, no perder de vista que algunos grupos que promueven la relación entre ALCUE han hecho de este proceso su modus vivendi, por lo que seria importante a la luz de esta realidad, reflexionar sobre la viabilidad de la creación de este Espació de Educación Superior entre UEALC.

Finalmente, con algunos programas de movilidad se ven favorecidas instituciones Bancarias que promueven intercambios con el fin de obtener una población universitaria cautiva, en términos de clientela.

BIBLIOGRAFÍA

Ayala, A Y Robledo, R. (2002). «Proyectos de Armonización del Sistema de Créditos CyT con el Sistema Europeo de Transferencia de Créditos (ECTS)». Asunción: Universidad Católica «Nuestra Señora de la Asunción».

Arredondo Lozano, Gerardo y Castillo Velázquez, Jesús. La Co- operación América Latina y el Caribe- Unión Europea. El difícil camino hacia la asociación estratégica birregional; en www.sre.gob.mx/imred/publicac/rempe71/glozano.htm

Callinicos. (2002). «Contra la tercera vía una crítica anticapitalista». Ed. Crítica. Barcelona.

Cepeda Juan, Sánchez Alfredo y Verástegui Jesús. (2006). «Pro- ceso de Bolonia: Enseñanzas y Cooperación entre las Instituciones de Educación Superior Mexicanas y sus Homologas Europeas». Memorias del 3er Congreso Internacional sobre Docencia.

Ermólieva, Eleonora. (2007). «La Cooperación educativa en el marco de la integración Transcontinental y regional», Instituto de Latinoamérica de la Academia de Ciencias de Rusia; en http:/ /www.Sp.rian.ru/analysis/2007´728/69475346.html

Fernández Lamarra, N. (2005) "La evaluación de la calidad y su acreditación en la educación superior en América latina y en el Mercosur" . En: Mora, G. y Fernández Lamarra, N. Educación Superior. Convergencia entre América Latina y Europa [Procesos de Evaluación y Acreditación de la Calidad]. Buenos Aires, Editorial de la Universidad Nacional Tres de Febrero, 2005.

Fernández Lamarra, N. (2008) "Una perspectiva comparada de la educación superior en América Latina". Ponencia presentada a Universidad 2008, Habana.

Haug, Guy. (2004).»Reformas universitarias en Europa en el con- texto del Proceso de Bolonia». Congreso Internacional: América Latina y Europa ante los procesos de convergencia de la educación superior. Taller 6 por 4 UEALC-Mercosur. Buenos Aires, Argentina.

María del Pilar Toloza. (2006). «Hacia la Movilidad Estudiantil en la Integración Latinoamericana a partir de la Experiencia Euro- pea». OBREA/UELARO. Buenos Aires.

Navarro Leal, Marco Aurelio y Sánchez Rodríguez Iván. (2007). «Transformación mundial de la educación superior». Universidad Autónoma de Tamaulipas- Universidad Iberoamericana Puebla, México.

Proyecto Tunning. (2003). Tunning Educational Structures in Europe. Informe Final. Fase I. Universidad de Deusto y Universidad de Groningen. Editado por Julia Gonzálesz y Robert Wagennar. Bilbao: Universidad de Deusto.

Salvador Malo. (2004).»El proyecto 6x4 UEALC. Seis profesiones en cuatro ejes». CENEVAL, México.

Salvador Malo. «Proceso de Bolonia y América Latina». Foreing Affairs. Revista Iberoamericana, Abril- junio 2005, núm. 1.

Comité de seguimiento del Espacio Común de Educación Superior UEALC; en http://www.aneca.es/prensa/notas/docs/ 241104.

Cooperación Europea, América Latina y el Caribe. Espacio común de Enseñanza Superior; en http:// www.crue.org/pdf/ UE-ALC/ cooperacionUEAmLatinaCaribe.pdf.

Declaración de Bolonia, 1999; en http://www.us.es/eees/legislación/ Bolonia_ Declaracion.htm

Foros sobre el Proceso de Bolonia ; en http://www.aneca. es/ Hacia el proceso de Bolonia (2007) Espacio Madrileño de Enseñanza Superior; en http://www.emes.es/portals/25/Espacio- Europeo/ espacioeuropeoeducacion.pdf.

Informe nacional en América Latina y el Caribe 2000-2005; en http:// wwwiesalc.unesco.org.ve/pruebaobservatorio/informe%20RAMA%20 ESLAT/informeES-2000-2005.pdf.

Mundo educativo. Espacio Europeo de Educación Superior; en http://www. educawed.com/edw/seccion.asp

Proceso de Bolonia; en http://www.fsa.alaval.ca/rdip/cal/lec- tures/ proceso% 20Bolonia.htm

APUNTES PARA UNA ZONA SEGURA DE LIBRE COMERCIO

Dr. Ramiro Navarro López

RESUMEN

La construcción del puente Río Bravo–Donna ha generado una condición estratégica para detonar el desarrollo del municipio de Río Bravo y la región en su conjunto.

La construcción de un Complejo Seguro de Libre Comercio y Servicios, en el área aledaña al puente, propiedad del gobierno de Tamaulipas, con inversión pública y privada, significaría un importante y fuerte acompañamiento a la vocación del puente internacional y a la detonación del crecimiento económico.

De la investigación realizada se deduce que dicho complejo deberá contener, en una primera división: comercios, oficinas, restaurantes, bancos, consultorios médicos, artesanías y servicios profesionales; en una segunda división: invernaderos y en una tercera división: un recinto fiscalizado y almacenes generales de depósito. Así mismo, parte importante es que deberá contar con barda perimetral y servicios de seguridad.

A su vez, la fortaleza del complejo radicaría en la agilización de las gestiones previas a la apertura del puente al paso del transporte industrial, en el acondicionamiento de la revisión aduanal al transporte industrial, la conclusión total del eje carretero que une a los puentes internacionales de la entidad y la colocación de alumbrado público y entubado de las aguas residuales periféricas, sobre la carretera que enlaza al núcleo urbano de Río Bravo con las instalaciones del puente internacional.

Introducción.

El puente internacional Río Bravo–Donna, inaugurado en noviembre de 2010, representa una circunstancia favorable para la región y sin duda significa también uno de los más grandes desafíos comerciales con que Tamaulipas, de cara al siglo XXI, deberá enfrentarse para reorganizar y redistribuir sus flujos vehiculares e industriales en los pasos fronterizos en conjunto, para participar con mayores posibilidades de éxito en los procesos de la globalización económica actual, para beneficio de los sistemas económicos tanto regionales, como estatales e internacionales. Así, para el estado de Tamaulipas es indispensable trazar las medidas necesarias que permitan participar en ese complejo sistema de competición con calidad, aprovechando todas las circunstancias geográficas y socioeconómicas que le da su envidiable ubicación territorial.

Por un lado, la construcción del Puente Río Bravo-Donna se produjo con la finalidad de coadyuvar con un sistema de cruces internacionales que permita mejorar el comercio mundial y por otro, con el fin de desarrollar las economías locales de ambos lados del río. Con estos propósitos se elaboró un Plan Maestro, suscrito entre México y Estados Unidos, que incluye tanto la construcción misma del puente, para enlazar dos zonas económicamente deprimidas, como el diseño de un plan que sirviera de guía para el uso estratégico de las dos áreas de terreno limítrofes al Río Bravo, que se encuentran sin urbanización.

En ese sentido, la empresa Rhodes Enterprise, de Texas, adquirió el área localizada por la rivera norte del río, en terrenos de Donna, para fraccionarla y colocar en venta una serie de lotes destinados a uso industrial, comercial y oficinas de negocios, escuelas y áreas verdes.

Del mismo modo, el Gobierno del estado de Tamaulipas adquirió una importante área de suelo localizada por la rivera del municipio de Río Bravo y se realizó una investigación para detectar la óptima orientación económica o utilización del terreno, con el fin de generar un enclave que permitiera mejorar la economía de la región sin dejar de responder al mismo tiempo con las estrategias comerciales de la globalización en marcha.

La investigación se realizó tomado en cuenta tanto las perspectivas histórico - económicas de la región como otras variables imprescindibles que incluyen los aspectos legales, medioambientales, producción maquiladora, transporte y tráfico ligero y pesado en los puentes de la franja fronteriza, servicios aduanales y fiscales, corredores comerciales, servicios públicos básicos del municipio, explosión demográfica, tasas de desempleo, sectores económicos primario, secundario y terciario en la zona, paso de transmigrantes, ejes carreteros fronterizos, seguridad pública y demanda de servicios de salud y educación, en el marco de los planes de desarrollo municipales, estatales y federales.

Proyectos propuestos por el Gobierno de Tamaulipas.

Durante el gobierno de Eugenio Hernández, la Secretaría de Economía de Tamaulipas solicitó un análisis de mercado para analizar la viabilidad de algunos de ocho proyectos para determinar cual o cuales de ellos podrían responder a las necesidades regionales.

1. Recinto Fiscal.
2. Centro Turístico Regional.
3. Recinto Médico.
4. Pabellón Artesanal.
5. Almacenes generales.
6. Invernaderos.
7. Centro de acopio agrícola y ganadero.
8. Recinto de prestación de servicios profesionales diversos.

Contexto económico social.

El paso para el análisis es la descripción de las condiciones de las dos ciudades inter fronterizas:

Río Bravo, Tamaulipas.

El municipio está ubicado en la parte noreste del Estado de Tamaulipas y pertenece a la Subregión Reynosa N° 2. Forma parte del sistema regional de la cuenca del Río Bravo y posee una extensión territorial de 1, 562.94 Km2 que representa el 2.68 % del total del Estado. Colinda al Norte con los Estados Unidos de Norteamérica por medio del Río Bravo, al Sur con los Municipios de San Fernando y Méndez, al Oriente con los Municipios de Valle Hermoso y Matamoros, y al Poniente con el Municipio de Reynosa. La cabecera municipal, situada en la ciudad de Río Bravo, se localiza a los 25° 59´ de latitud norte y a los 98° 06´de longitud Oeste, a una altitud de 139 metros sobre el nivel del mar. Se ubica en la cuenca baja del Río Bravo, que cuenta con un volumen de captación de agua de 5,810 millones de metros cúbicos, desembocando en el Golfo de México. El municipio es irrigado por los canales: Culebrón, Anzaldúas y Rodhe. La zona cercana al bordo del río Bravo sufre riesgos de inundación durante la época de huracanes, lluvias y descargas de agua por la apertura de compuertas en las presas del lado occidente de la entidad, ocasionando en epocas críticas, el desbordamiento del rio Bravo. De acuerdo con el conteo realizado en el 2010 por el Instituto Nacional de Estadística y Geografía (INEGI), la población en el municipio es de 118,259 habitantes.

En materia de salud el Municipio recibe atención del sector a través de la Secretaría de Salud, Hospital General, Instituto Mexicano del Seguro Social (IMSS), Instituto de Seguridad y Servicios Sociales de los Trabajadores del Estado (ISSSTE), el Sistema Nacional para el Desarrollo Integral de la Familia (DIF), Cruz Roja, Hospital Civil y clínicas particulares. El Municipio dispone de centros de salud tipo B, centros comunitarios, centro de salud C y consultorios rurales. El IMSS cuenta con una unidad médico familiar con hospitalización (UMFH) para la atención de la salud y el ISSSTE con una unidad de primer nivel y clínicas y en el área de educación el municipio cuenta con infraestructura para impartirla en los niveles preescolares, primarios, medio, medio terminal y superior. El nivel preescolar, primario y secundario es atendido por la Secretaría de Educación Pública y el Consejo Nacional de Fomento Educativo (CONAFE) atiende algunas comunidades rurales. La educación media es atendida principalmente por DGETI y la superior por la UAT.

La actividad industrial que existe es de pequeñas y medianas empresas, contando con fábricas de hielo, ductos purificadores de agua, de tubos, de harina de nixtamal y de celulosa, y por lo que se refiere a las maquiladoras, existen de ensambles eléctricos automotrices, de resortes de seguridad, de fabricación de poliductos, artículos de piel, bolsas de papel y plástico y fábrica de calzado. Río Bravo es un municipio muy joven pero con un crecimiento acelerado debido, sobre todo, a las oportunidades de empleo que han surgido en los últimos años en el municipio vecino de Reynosa, que cuenta con nueve parques industriales donde actualmente están ubicadas 150 maquiladoras. En su última etapa, el crecimiento poblacional ha sido generado por el rápido proceso de industrialización en la frontera con Estados Unidos, principalmente de la industria maquiladora, que se ha incrementado en forma acelerada en Reynosa durante los últimos años, convirtiéndose en un polo de atracción importante para los grupos inmigrantes de otras entidades del país. Con el rápido crecimiento poblacional se aceleró también el crecimiento físico de la mancha urbana en ambos municipios generando una zona conurbada, ocasionando el surgimiento de asentamientos humanos irregulares e improvisados debido a que la mayoría de la población inmigrante provenía de poblaciones rurales y de sectores sociales económicamente desprotegidos. El impacto de la industria maquiladora, ha sido, desde 1965, determinante en la configuración actual de la economía regional y se espera que en un futuro próximo esta influencia sea aún mucho más importante, con el avance total del Tratado de Libre Comercio. Siendo esta región la más cercana al centro económico más poderoso del mercado norteamericano, se predice un desarrollo que duplicaría el número de maquiladoras en la región. Son tan altamente importantes las actividades económicas y sociales que este desarrollo estará generando que la entidad deba poner en práctica ágiles estrategias para el debido aprovechamiento de dichas oportunidades. Los recursos humanos de la región se han integrado eficazmente a compañías americanas, asiáticas y europeas que se han instalado en la zona. Desde principios de los años noventa el crecimiento comercial ha tenido un alto crecimiento, que no tenía precedentes. De acuerdo con estudios realizados por el Market Profile y por la Cámara de Comercio de McAllen, Texas, partiendo de Río Bravo, en un radio de 250 kilómetros, existen 6 millones de consumidores con una capacidad de derrama económica de 360 billones de dólares.

En cuanto a las actividades de la población rural, en materia agrícola se desarrollan en la zona principalmente los cultivos de maíz, sorgo, hortalizas y trigo y en el sector ganadero se desarrolla principalmente la ganadería de bovino, porcino, ovino y caprino.

El municipio de Río Bravo cuenta con dos puentes internacionales; un eje carretero que conecta a las ciudades fronterizas; una carretera de 4 carriles conurbada con los municipios de Reynosa y Gustavo Díaz Ordaz. Además tiene una vía ferroviaria que inicia en la Cd. de Monterrey, pasa por Camargo y termina en Matamoros, que lo comunica con todo el país, el municipio de Río Bravo cuenta con un ramal y estación para servicio de carga.

Por otra parte el aeropuerto internacional de Reynosa se ubica a tan solo 12,5 km de la Cd. de Río Bravo. El municipio cuenta con aeródromos de la aviación civil, red telefónica, telegráfica, servicio postal, estaciones de radio, señales televisivas satelitales.

El servicio de energía eléctrica es de uso doméstico, comercial y público, y según datos del Instituto Nacional de Estadística y Geografía existen en el municipio 41,606 usuarios con este servicio, suministrado por la Termoeléctrica que existe en el Municipio.

Las necesidades generales del Municipio de Río Bravo que fueron detectadas son: la generación de empleo; ampliación y alumbrado público de la vía que conecta a la ciudad de Río Bravo con el puente internacional; entubado del drenaje norte de la ciudad; mantenimiento de los circuitos carreteros de la zona mediante repavimentación; ampliación del programa de pavimentación; mejoramiento de la imagen e infraestructura urbana; apoyos para construir y dignificar la vivienda urbana y rural; mayor abastecimiento de agua potable; reforestación y poda de árboles; mejoramiento del sistema de recolección y disposición final de la basura, apoyos directos a la infraestructura educativa y a los espacios culturales, deportivos y recreativos, así como el mejoramiento de los esquemas de seguridad pública.

Donna, Texas.

Donna es una ciudad ubicada en el Condado de Hidalgo en el estado de Texas, forma parte de las áreas metropolitanas de Mc Allen, Edinburgo, Mission y Reynosa, y porta un lema que señala que la ciudad es: "El corazón del Valle". La ciudad se encuentra ubicada en las coordenadas 26°9′40″N 98°2′20″O26.16111, -98.03889. Según la Oficina del Censo de los Estados Unidos, Donna tiene una superficie total de 21.5 km², de la cual 21.47 km² corresponden a tierra firme y (0.13%) 0.03 km² es agua. Según el censo de 2010, en ese año había 15,798 personas residiendo en Donna. La densidad de población era de 734,72 hab./km². De los 15.798 habitantes, Donna estaba compuesto por el 86.38% blancos, el 0.41% eran afroamericanos, el 0.25% eran amerindios, el 0.18% eran asiáticos, el 0% eran isleños del Pacífico, el 11.24% eran de otras razas y el 1.53% pertenecían a dos o más razas. Del total de la población el 92.28% eran hispanos o latinos de cualquier raza. Donna lleva el nombre de Donna Hooks, hija de T. J. Hooks que, a partir de 1900, hiciera un poco de trabajo de desarrollo de la tierra en el Valle del Río Grande. Thomas Jefferson Hooks llegó al valle del bajo Río Grande en el año 1900 y al año siguiente trasladó a su familia a vivir en el sureste del Condado de Hidalgo. En mayo de 1902 ayudó a formar la empresa agrícola La Blanca, compuesta de 23.000 acres (93 km²) frente al río dos millas (3 km), este y dos millas (3 km) al oeste del actual sitio de Donna y la ampliación Norte 18 millas (29 km). Él dio parte de la tierra a su hija de veinte años, Donna Hooks Fletcher, que se asentó en la zona y estableció el Rancho de la Alameda. En 1904 se abrió la primera tienda en el oeste de Donna que fue establecida por Ed. Ruthven y la comunidad fue reconocida como una estación de Texas debido al paso del ferrocarril. Se abrió un ingenio azucarero de 500 toneladas de capacidad. La Donna Developer fue la primera empresa hacia el 1 de diciembre de 1910. Ese año la iglesia de la comunidad fue construida y compartida por grupos protestantes de la ciudad. La primera iglesia Presbiteriana fue fundada el 10 de julio de 1910 y se organizó la primera iglesia Bautista en 24 de julio de 1910. La central telefónica se instaló en 1911. Donna fue constituida oficialmente el 13 de abril de 1911.

En 1912 la ciudad fue dividida en Donna, y Donna de Oriente, que era un sector de población mexicana, tenía una oficina de correos, una Iglesia Católica denominada San José y una escuela para los niños mexicanos que se encontraban en ese sector. El primer profesor en Donna fue Ponciano Guerra, originario de Mier, Tamaulipas, contratado en 1911 por Severiano Avila, Apolonio Ballí y Ventura Benítez para instruir a sus hijos. Para 1915, Donna tenía una población de 1,500 habitantes, un banco, un hotel, cuatro iglesias, dos desmotadoras de algodón, el molino de azúcar y un periódico semanal llamado El Envío, publicado por B. L. Brooks. En 1916 el Donna Light y la empresa de energía fueron incorporados por A. F. Hester, mr., T. J. Hooks, Dr. J. B. Roberts y veinte accionistas. La American Legión Hall, Donna frontera Post no. 107, se abrió en 1920. Para 1936 Donna tenía una población de 4,103, una parada del ferrocarril, viviendas urbanas y varias empresas. Los ciudadanos de Donna comenzaron a utilizar el lema: "La ciudad con un corazón en el corazón del Río Grande Valle" para promover la ciudad en la década de 1940. Para 1945 la ciudad tenía una población de 4,712 y setenta y ocho empresas y continuó siendo un centro de crecimiento de cítricos y vegetales. En 1953, Donna tenía tres tiendas de comestibles al por mayor, distribuidores de implementos de hardware y la granja, un distribuidor mayorista para fábricas de piensos y la Donna News. Para 1967, Donna tenía 110 pequeñas empresas (incluyendo ocho fabricantes), diez iglesias, un banco, una biblioteca y un periódico. Desde 1920 hasta mediados de los sesenta, Donna había segregado escuelas. La educación segregaba a estudiantes, y no fue sino hasta los años 70 que se abrió una escuela primaria para los hijos de los migrantes en un campo separado. Después de la década de 1970 la economía en Donna empezó a basarse en el comercio turístico, frutas y verduras. En el año 2000 Donna tenía una población de 14,768 habitantes y 369 empresas.

Donna es hoy una de las ciudades favoritas en la industria del turismo y el hogar de miles de jubilados de todo Estados Unidos y Canadá. Los "Texanos de invierno", o residentes temporales de Texas acuden a la zona durante los meses de invierno para disfrutar de un clima generalmente templado.

El ingreso promedio de una familia en la ciudad es de $22,800, y la renta mediana para una familia es de $23.892. El ingreso per cápita de la ciudad es de aproximadamente $10,000, y el 37,8% de la población está por debajo del umbral de pobreza.

En materia educativa Donna es servida por el distrito escolar independiente, y en el ciclo 2010 - 2012 recibió una subvención pública por un monto de $850.000 otorgado por la Agencia de Educación de Texas. Esta subvención sirve para proveer de tecnología y para el desarrollo del personal.

El Valle del Río Grande que abarca a Donna, es reconocida como una de las mejores zonas de observación de aves en los Estados Unidos.

En la actualidad la ciudad cuenta con un puente internacional sobre el río Grande que se ha construido para enlazarla con la ciudad de Río Bravo Tamaulipas. La parte norteamericana del puente fue cubierta con un crédito otorgado a la ciudad de Donna, deuda que generó un aumento de impuestos para los residentes debido a que no se están obteniendo los ingresos esperados por concepto de cruces. Los puentes Anzaldúas - Mission y Río Bravo –Donna deberán esperar el cruce comercial hasta la llegada de los plazos convenidos, que dependen básicamente de que la administración del puente Phar termine de cubrir su deuda, contraída para la construcción de la sección norteamericana de su puente. Una alternativa que ha propuesto el puente Phar al puente Donna, para aliviar la deuda de éste último, es adquirir dicha deuda y pagarla con los altos ingresos que le está redituando el cruce Phar, y así administrar ellos también el puente Donna. Sin embargo Donna se resiste a traspasar su puente a la administración Phar.

En síntesis, Río Bravo Y Donna son dos ciudades económicamente deficientes, que se encuentran en medio de otras ciudades económicamente muy desarrolladas como McAllen y Brownsville. Actualmente ambas ciudades han visto en la construcción del puente una oportunidad para generar su propio desarrollo y se encuentran delineando estrategias conjuntas para acelerar la potencialidad del paso internacional.

Y en razón de las condiciones y circunstancias comerciales de las dos ciudades y la región en su conjunto, puede establecerse que para cada uno de los proyectos se sigan las siguientes recomendaciones:

Proyecto	Sugerencia
Recinto Fiscal.	Diferir
Centro Turístico Regional.	Factible
Recinto Médico.	Factible
Pabellón Artesanal.	Factible
Centro de almacenes generales.	Diferir
Invernaderos.	Factible
Centro de acopio agrícola y ganadero.	Reformular
Recinto de prestación de servicios profesionales.	Factible

Así, puede planearse:

En primerísimo lugar, que se diseñe un complejo resguardado del crimen y la violencia circundante.

Que los proyectos de Centros de Acopio agrícola y ganadero deberán instalarse, en caso de su creación, en un sitio alternativo al predio de 70 hectáreas.

Que es necesario realizar por etapas, en el siguiente orden y dentro de un plazo que no exceda los doce años, para estar en armonía con la tendencia del comercio entre México, Estados Unidos y Asia, las siguientes estrategias:

1. Promocionar el cruce Río Bravo-Donna.
2. Mejorar la infraestructura del camino hacia el puente.
3. Iniciar las gestiones para el cruce de transporte comercial.
4. Construir un complejo que contenga los siguientes proyectos: Centro Turístico y recreación, Recinto médico, Pabellón artesanal y Recinto de prestación de servicios profesionales.

5. Generar un área de invernaderos para crear productos de exportación.
6. Construir un complejo aduanal que contenga los siguientes proyectos: Recinto fiscalizado y Almacenes de depósito
7. Lograr el cruce de transporte comercial, para participar del comercio global.

BIBLIOGRAFÍA Y FUENTES DE INFORMACIÓN

- Plan nacional de desarrollo 2013
- Plan estatal de desarrollo 2013
- Plan municipal de desarrollo 2013
- Gerencia de Rhodes enterprises Inc.
- Presidencia de Canaco, Río Bravo, Tamaulipas
- Dirección del Hospital general, Río Bravo, Tamaulipas
- Dirección de desarrollo económico, Río Bravo, Tamaulipas
- Plan de modernización aduanal 2006 – 2012 SAT
- Departamento de Investigaciones económicas, Universidad de Texas.
- SEMARNAT
- INEGI
- Archivos locales de hemerotecas
- Páginas oficiales de municipios y dependencias
- Entrevistas a funcionarios, empresarios, mayores, aduanales y alcaldes.

LOS AUTORES

Dra. Rosa Gabriela Leal Reyes, es Doctora en Economía y Ciencias Sociales, por la Universidad Autónoma de Tamaulipas y la Universidad de la Coruña España. Docente investigadora de la Unidad Académica Multidisciplinaria de Ciencias Educación y Humanidades de la UAT y Líder del Cuerpo Académico Sociedad y Transporte.

Dra. Verónica Yudith Navarro Leal, es Doctora en Educación por la Universidad Autónoma de Tamaulipas y la Universidad del Norte de Tamaulipas. Docente investigadora de la Unidad Académica Multidisciplinaria de Ciencias Educación y Humanidades de la UAT y Colaboradora del Cuerpo Académico Sociedad y Transporte.

Mtra. María Hilda Sámano García, es Maestra en Sistemas de Información y cursa el Doctorado en Ciencias Sociales en El Colegio de Tamaulipas. Docente investigadora de la Unidad Académica Multidisciplinaria de Ciencias Educación y Humanidades de la Universidad Autónoma de Tamaulipas.

Mtra. Rosa María Rodríguez Limón, es Maestra en Educación Superior por la Universidad Autónoma de Tamaulipas. Integrante del Cuerpo Académico Sociedad y Transporte y Coordinadora del Área de Inglés de la Unidad Académica Multidisciplinaria de Ciencias Educación y Humanidades de la UAT.

Dr. René Bugarín Olvera, es Doctor en Educación por la Universidad Autónoma de Tamaulipas y la Universidad del Norte de Tamaulipas. Docente investigador en la Secretaría de Educación en Tamaulipas y Colaborador del Cuerpo Académico Sociedad y Transporte.

Dr. Ramiro Navarro López, es Doctor en Economía y Ciencias Sociales por la Universidad Autónoma de Tamaulipas y la Universidad de la Coruña España. Docente investigador de la Unidad Académica Multidisciplinaria de Ciencias Educación y Humanidades de la UAT y Miembro del Cuerpo Académico Sociedad y Transporte.

Printed in the United States
By Bookmasters

Printed in the United States
By Bookmasters